李崇建 著

作文，就是寫故事

「故事核心式」創意作文術

目次

Part1 觀念突破

Part2 實用教學

Part3 總結

幼教團體推薦

☼孩子藉由文字將創意記錄下來，原來作文也可以這麼有趣。

——台中市四季藝術西屯校ＥＳＬ行政主任／沈子涵Monica

☻創意作文如同一場文字冒險遊戲，孩子們總是痴心期待。

——台中市四季藝術北屯校老師／賴秋雁Paula

☼本書展現超越傳統的視角，帶孩子平息書寫的災難……

——道禾兒童教育學校大墩校區校務長／陳美惠

☻阿建的作文充滿啟發與激盪，讓孩子充滿期待……

——台中市牛頓幼稚園園長／王琇娟

☼一個沒有框架的教學，讓孩子找到屬於自己的一片天。

——台中市如果幼稚園園長／國蓮慧

☻故事是孩子成長中的夢想，也能成為開啟寫作的鑰匙。

——台中市夏恩英語永福分校、嶺東科大兼任講師／洪忠楨

☼這是讓人深省「作文教育」的好書，讓作文形式回歸到更自由的空間。

——台中市三之三立人分校主任／施鴻文

國小教師推薦

☻本書從故事出發至引導出好文章，細細品味，創造無限……

——台中縣梨山國中小校長／曾育宗

☼本書的方法使學生卸下框架，書寫自由，不再畏懼作文。

——彰化縣東興國小教師／吳慧貞

☻如果沒有上過崇建老師的研習，我可能還在拚命教孩子背成語吧！

——台北市百齡國小教師／彭瓊儀

☼讀阿建的書，會發現原來寫作也能變得如此快樂。

——台中市道禾實驗小學教師／雷千慧

☻本書幫助我省思自己的教學方式，以更貼近孩子的角度引導寫作，讓孩子愛上寫作文。

——台中市四維國小教師／張婉貞

☼本書鞭辟入裡的文字，是作文提升的好幫手。

——台中縣順天國小教學組長／李典龍

☻創新的作文教學法，讓師生都能參與其中，不再心生畏懼。

——台中市惠文國小教師／速春玲

☼真誠的人，寫下真誠的事，開啟了作文教學的新視窗……

——作家、苗栗縣明德國小教師／劉嘉琪

☻你會聽見孩子破殼前的掙扎，也會看見阿建始終相信陽光的堅持。

——連江縣坂里國小教師／陳禹蓁

☼作者一針見血，點出目前老師作文教學遇到的困境……

——宜蘭縣學進國小教師／林芬惠

☻崇建的作文教育內涵告訴我們故事的力量，以及兒童作文教育有效的策略……

——宜蘭縣學進國小教師／戴晥華

☼這是一本會讓你想放手一試的寫作教學書……

——台北縣雙峰國小教師／范姜翠玉

☻本書是作文教學的震撼教育，更是作文隱疾的一帖良藥……

——台中縣新光國小教務主任／余益興

☼崇建的創意作文教學，是開啟孩子想像力、好奇心和愛上作文的萬能鑰匙。

——台中市篤行國小教師／林曉玲

☻謝謝崇建救了我們班級的作文教學與寫作。

——台中市中華國小教師／蔡聖懿

國中教師推薦

☼讓孩子以說故事的方式勇敢下筆，寫作將不再令人恐懼——就從本書開始。

——台南縣國民教育輔導團國中本國語文領域召集人／陳麗如校長

☻本書讓我們了解，原來，寫作如此簡單，卻又如此迷人……

——新竹市竹光國中國文領域召集人／王蘭曦

☼本書讓人思考，我們教作文都太嚴肅了，無形中還壞了孩子的胃口啊！

——新竹市竹光國中教務主任／潘致惠

☻孩子心中的福田，需用文字去栽。本書教老師育苗的方法。

——台南縣國教輔導團國中國文輔導員／蔡韻瓊

☼阿建老師透過寫作，引發學生了解、感受生命的面貌。

——台中市至善國中教師／林淑華

☻這是一本另類的作文書，藉由說故事開啟作文教學的新示範。

——花蓮縣美崙國中國文教師／吳敏慧

☼本書釐清作文教學之盲點，導引出一條可行之路。

——台南縣下營國中國文教師／陳玉琴

☻本書是僵斃的作文教育中，一股清新的源頭活水。

——台中縣順天國中國文教師／陳玟君

☼本書以故事徹底撼動孩子，讓他們抑制不住寫作的渴望。

——台中縣立大里國中國文科教師／朱淑敏

☻本書讓我們看見，孩子在故事寫作中湧現的感受世界，如此神奇又動人……

——台中市自主學習共學團體寫作教師／施家雯

☼本書開啟孩子想像力的大門，是作文教學者不容錯過的好書……

——台中市自主學習共學團體寫作教師／張詩亞

高中教師推薦

☻每個孩子都有自己的生命列車，本書讓孩子從寫作中學會掌穩方向。

——親子作家、新民高中國文教師／陳琪芬

☼本書是作文易筋經，讓不愛寫作的孩子變成享受文字的書寫者。

——國立桃園高中國文科教師／李中芳

☻本書讓孩子愛上文字，發揮想像的互動方式，值得老師與家長學習。
——台北市立景美女子高級中學國文科教師／黃淑偵

☼本書撬開了既有框架，尋回佚失的寫作樂趣。
——台北市立中正高中國文科教師／曾祥瑞

☻本書喚醒孩子的想像力、細膩的覺察力以及信手拈來的創造力。
——國立三重高中國文教師／陳玉芳

☼本書能讓國中新鮮人透過文學去感知生活的真、善、美……
——南山中學國文教師／梁玉蘭

☻教與寫作文皆須創意，這是讓師生震撼且必備的書……
——台中縣弘文高中國文教師／林志偉

☼本書灑下的種子，讓孩子安心自在的，在寫作中一點一點長大……
——國立台中二中特教老師／莊佩珍

☻本書對現代八股的左心房擊上重重一拳，試圖恢復作文課的心跳……

——台中市立惠文高中圖書館主任／蔡淇華

☼本書是寫作的魔法寶典，讓孩子勇敢跨越寫作的障礙。

——曉明女中圖書館館長／官淑雲

大學教師推薦

☻一個觀點、啟動無限想像與希望。崇建多年實踐「寫作教學」的經驗，猶如荒地上盛開花朵，可貴且珍貴。

——國家教育研究院籌備處課程教學組助理研究員／洪詠善

☼想掙脫寫作原創力被考試八股綑綁的來看這本！

——國立新竹教育大學教育系副教授／成虹飛

☻這本書讓孩子創造想像，擁有帶著走的作文能力。

——國立台灣師範大學中文系副教授／徐國能

☼本書顛覆傳統作文的舊迷思，開啟現代寫作的新思維……

——台北市立師範學院語文教育學系助理教授／楊馥菱

☻聆聽崇建的寫作教學，深刻感受那股勾起聽眾靈魂騷動的魔力……

——靜宜大學台灣文學系副教授／張靜茹

☼崇建是一個天生的教育家，也是個天生的療癒師……

——靜宜大學台灣文學系助理教授／唐毓麗

☻好的理念必須堅持，更需要支持。這，是作文教學領域中的一股活水。

——東海、逢甲、亞洲、勤益、弘光、僑光等大學國文兼任助理教授／陳柏全

☼「又有新玩意兒了！」我再次讚嘆於崇建屢屢的創意。

——東海大學中文系兼任助理教授／陳慶元

☻這是一位教育觀察家的經驗分享，他讓我學習蹲下來，聆聽學生，認真看見學生。

——靜宜大學台灣文學系兼任助理教授／林美蘭

☼崇建的作文教學是一種陪伴生命成長的寫作教育。

——靜宜大學通識中心兼任講師、台灣文學系教學助教／嚴小實

作家推薦

☻本書宣告了事實：華文世界的兒童作文教育已創新了，無疑的，李崇建是偉大的推手……

——小說家／甘耀明

☼只見崇建輕聲讀了幾句「咒語」，孩子們便學會了揮棒成為自己文字的魔法師……

——作家／謝旺霖

☻當崇建開始說話，學生無一不聚精會神，眼瞳發亮……

——作家／李欣倫

☼這樣的年代，需要用故事改革孩童的書寫教育……

——小說家／高翊峰

☻讓孩子說故事，寫故事，才有機會讓孩子飛起來……

——作家／彭心楺

☼本書證明了「學作文是最有價值的一種享樂」……

——心靈勵志、童書作家／陳可卉

☻國語文老師非讀不可——從作文教育到文學創作的武功心法。

——詩人／紀小樣

☼他已經把長頸鹿帶進教室，讓學習空間養大了興趣……

——詩人／嚴忠政

☻這是一本學寫作、教寫作者的必備「聖經」……

——童書作家／陳愫儀

☼崇建的學生專寫爛作文，不過，爛得還真好。

——作家／謝文賢

☻你絕對不會想到，原來作文還可以這樣教……

——十大傑出女青年，繪本創作者／蔡銀娟

☼李崇建就是有一種魔力，可以讓孩子變成文字的國王……

——耕莘青年寫作會文藝總監、作家／許榮哲

☻寫作不該是一件痛苦的事，這是一本啟發孩子快樂寫作的寶典……

——耕莘青年寫作會駐會導師、作家／李儀婷

☼這本書不只幫助孩子寫作，也幫助大人思考……

——台灣文學創作者協會理事長、作家／林金郎

☻故事引導解除了思考的枷鎖，孩子的筆自然就飛揚起來。

——台灣文學創作者協會祕書長、作家／陳榕笙

各級社會菁英推薦

☼本書看似前衛，實則回應人性的教育觀，解放了孩子的寫作焦慮。

——聯合報文學寫作營講師／倪英茹

☻透過這本書，在灰濛的教育天空中，陪伴孩子劃開一道曙光……

——南一書局國文教材編著者／張佳詩

☼這本書讓孩子從故事解放，找尋自己的文字……

——台中市故事協會常務理事／陳雅莉

☻本書透過精采絕倫的故事討論，在寫作中發現自我的無限可能……

——台南市悅閱社社長／吳雅雯

☼崇建是個很會說故事的人。作文怎麼寫？聽崇建講故事就對了。

——國立中興大學志工服務隊顧問／陳東玉

☻這堂作文課，讓人把遺忘的拾回、埋藏的重現。

——博幼基金會教學專員／賴美霖

☼本書透過故事的力量，讓文字與孩子變成好朋友。

——台中鴻德父母成長團前團長／林駿男

☻作文不難，本書將寫作教學變得奇妙有趣……

——台中市中正國小愛心志工隊文書組組長／林佩芬

☼本書見證了寫作與心理輔導的結合，令人激賞……

——心理諮商師／張天安

☻本書能讓我們輕快的拿起筆，在紙上飛奔。

——導演／吳德淳

☼恐懼阻擋了創造的原動力，本書幫孩子回到自由的心……

——台灣青少年教育協進會常務理事／張瑤華

☻本書讓孩子穿梭在無與倫比的寬闊天地中……

——國際佛光會中華總會光明分會祕書／高惠萍

☼本書顛覆坊間對寫作文的傳統概念，回歸寫作最初的面貌……

——台中市故事協會創辦人／陳裕琪

☻本書以故事與討論，引發孩子自由的思考與享受寫作的樂趣……

——台南市立圖書館魔法故事團團長／歐陽喆

☼本書的作文教學，能召喚寫作者的內在資源，是這個時代可貴的創造力……

——一〇四人力銀行人資學院協理／林俊宏

☻本書引導兒子天馬行空的創意，成為令人感動的文章。

——荒野保護協會炫蜂團台中一團創團團長／呂姮儒

☼藉由每一個故事，激發孩子心靈最深處的想像力。

——荒野保護協會炫蜂團台中一團第四年團長／陳靚容

☻崇建為孩子們建構了文字的魔法世界，讓孩子們學會駕馭文字的魔法。

——荒野保護協會炫蜂團台中一團第五年團長／湛敏伶

☼有一個溫暖的人，帶著一顆溫暖的心，正在做一件溫暖的事。

——荒野保護協會炫蜂團台中一團第六年團長／施錦玲

☻魔術師，從無到有，從荒蕪到繁盛，開拓孩子文學的花園。

——荒野保護協會炫蜂團台中一團第八年團長／張恩惠

作文，就是寫故事

Part1 觀念突破

突破作文教育的癥結

坊間的作文教育書，將一套標準的審美架構，起、承、轉、合，謀篇的方式，書寫的技巧，修辭美化作文的方式，從國中作文打入兒童作文領域。在兒童、青少年最需要奔放的時刻，壓制了作文的想像力，窄化了寫作的空間，限縮了兒童寫作的動機，怎麼會是作文之福音？

直擊作文教育現況

作文怎麼辦？

近幾年來，教師、家長莫不大嘆學生寫作能力低落，教師感嘆學生寫的作文鬧了不少笑話，火星文和錯、別字充斥；家長焦慮孩子的基測分數，焦慮孩子寫不出作文，焦慮孩子的功課變成自己的功課。

怎麼辦呢？送到坊間的作文班去吧！

作文補習班林立，送去哪一家好？很不幸的，一位教作文的詩人告訴我：寫作需要天分，寫得好的人，就是那百分之五；其餘百分之九十五的學生，無論你怎麼教都沒用。

有的作文老師，自承作文教學看不到效果，甚至覺得自己在誤人子弟。也有作文老師很有使命感，教學素養豐厚，認為作文教學很必要，現狀沒那麼悲慘。但是也承認有很高比例的學生，怎麼教都寫不好，更要命的是作文寫不出來，只好拿範文給孩子抄，要孩子填空，或者老師唸一句，孩子寫一句。要不然怎麼跟家長交代呢？這些孩子到了學校，回了家，作文仍舊寫不出來，傷透家長與老師的腦筋。

打電話去各個作文班詢問：「我的孩子寫不出作文！怎麼辦？」「我的孩子寫作內容貧瘠，怎麼辦？」「我的孩子作文口語化！怎麼辦？」

你得到的答案，很少是你希望得到的答案。

家長希望得到的答案，最好是：「我一、兩堂課就讓你的孩子寫出來！」、「你放心，我有辦法讓他寫出文情並茂，文字優美的文章！」

偏偏作文是個需要長期養成的學科。

或者，家長需要一個根據孩子特性做出的觀察，老師如何評估這個問題？

如何有效面對？

偏偏補習班繞口令似的，講了一堆現代孩子的普遍狀況，不外乎生活經驗少、閱讀少、習作少。孩子要增加閱讀、要增加感官能力，要多練習。

但是，現在哪個孩子生活經驗豐富呢？況且很多孩子閱讀頗豐卻寫不出來，至於習作，根本寫不出來，怎麼習作？

乾脆買一本作文書看看，自己來教！

作文一點靈、作文雙響炮、作文三要點、作文四步、作文五祕訣、作文六大要領、作文七巧、作文八法、作文九味、作文大躍進、作文即時通……，書局的書櫃闢了一個專區，看得你眼睛都花了，還不知道挑哪一本？翻開內容，不外乎加強結構的練習，起承轉合要注意；加強詞語訓練，成語認識不可少，照樣造句有竅門；開發孩子的感官、增加生活經驗、廣闊閱讀……。作文書的作者，甚至比一個小學的教師還要多，從大牌的教授，到小學教師，從名作家，到名不見經傳的創作者，從補習班名師，到一般家長，人人都有一套作文教育的方法。

作文教育在國中基測加考作文之後，成為顯學，百花齊放，但在某個大方向上都一致：要孩子多閱讀，多注意生活經驗，多學習修辭法。

那為何還有那麼多作文書，如雨後春筍般的出版呢？因為沒辦法真正解決孩子的作文問題！寫不出來的依舊寫不出來，文字依然口語化，結構還是紊亂，最要命的是，孩子不愛寫作，甚至不敢寫作文。

這是個多元紛呈的時代，作文書的多元出版，代表權威逐漸解構，人人都可表達意見與想法，這是件好事。但我以為，大部分的作文書，並未觸及這個時代作文教育核心的問題。

作文現狀

談到作文，大家可有話要說了，從電視媒體、電子媒體、平面媒體，談起作文，無不嘲諷四起，揶揄他們的作文表現，這都不是新聞。每逢基測、學測、統測、機關考試，只要有作文測驗，學子們作文貧弱的現象又要被消費一次。

至於兒童作文，那更是中小學教師、家長頭疼的科目，從我越來越頻繁的到國小教學研討，研討的都是作文教學，可見端倪。從我到各地和家長演講親子教育、閱讀的狀況，家長提問都和作文有關，可見一斑。依我的歸納，學生作文常見的問題有以下數種：

一、寫不出來

嚴重的狀況是完全不寫，或者完全不知如何寫，面對作文空白一片，求助爸媽，從孩子的功課，變成全家的功課。狀況較輕者，則是一篇文章想很久，想來想去，遲遲無法下筆，就算寫出來，文字也是少得可憐。

二、不喜歡寫作文

孩子不愛動筆，一拿起筆來，便抗拒連連，唉聲嘆氣。

三、火星文

除了圖像文字，還有使用注音ㄚ、ㄛ、ㄏ、ㄌ、ㄎ之類擬聲詞。

四、文字口語化

文章是寫出來了，但是沒有美感，有時還會誤用成語，贅字連篇，有些詞彙如「但是、然而、不過、接著」充斥全篇。

五、組織能力不佳

文章沒有句讀、標點不清，段落不分，甚至冗長無重點、廢話連篇，不知所云。

六、文章格局不大

生活經驗少，生命經驗不深刻，思想表達有局限。或者思想偏激，胡言亂語，惹人哈哈一笑。

面對此種狀況的作文教學策略，如繁花盛開，但都殊途同歸，大部分落實在寫作的技巧、寫作的方法、挑起孩子的興趣上著手。我相信這些教案，一定都有成功的案例，一定有孩子依循此模式，從生疏的寫作技巧到寫出成熟的作品。但是否適合大多數的學生？是否完全適當？我則持懷疑的態度。

尤其是兒童作文的領域，我看過大部分的教材教案，落實在教學技巧、寫作技巧上處理，讓人捏一把冷汗。因為，我認為兒童作文，落實在技巧的細節上處理，多害而少益。

作文基測領導作文教學

教育部要提升學子寫作能力，將作文納入基測，目的是檢測學子的作文能力，並且重視作文的能力。但能否提升學子的寫作能力？我不確定。很多人疑問：為何大家都重視作文，學生寫作能力卻不會提升呢？

是的，大家都重視作文，但家長與學生，首先不是意識到「寫作能力」，而是「作文考試」的能力。

而補習班、學校作文教學的操作方式，更常以「作文考試」為導向，難脫「升學主導考試，考試主導教學」之弊。如此一來，作文補習班歸納改文標準，設計出安全的寫作方式，教授「心法」，學生的創意不見了，寫作恐流於「八股文」的窠臼，目的僅是為應試而已。長遠來看，是否能提升學子的寫作表達能力？我持否定的態度，甚至，對這樣做能在基測考高分，我都持懷疑的態度，因為大家的書寫都趨於一致，思維的方式、寫作的策略大同小異，怎麼會得到好成績？又怎麼會是好作文？

而坊間的作文教育書，將一套標準的審美架構，起、承、轉、合，謀篇的方式，書寫的技巧，修辭美化作文的方式，從國中作文打入兒童作文領域。在兒童、青少年最需要奔放的時刻，壓制了作文的想像力，窄化了寫作的空間，限縮了兒童寫作的動機，怎麼會是作文之福音？

尤有甚者，我曾聽過教師訓練學生書寫技巧，可以一種方式，套入十八種題材，肯定可以拿到高分。真是駭人聽聞的寫作法，我認為這不是作文教育，而是反作文教育，我不知這樣訓練出來的學生，怎麼會對作文產生興致？這是倒果為因的教學法則。

難怪這個時代，有那麼多的孩子寫不出作文，孩子們不知道怎麼寫才是正確的作文，才是大人認可的優美作文。

試想，那些寫不出作文的孩子，說話會有問題嗎？思緒會亂跳嗎？如果都是否定的，孩子怎麼會寫不出作文呢？他若照著五四運動胡適之先生提倡的「我口寫我手。」將口裡說的話寫出來，不也是寫得出一篇文章嗎？頂多就是口語化、文章不優美而已，何至於寫不出作文？

兒童寫不出作文，絕非作文技巧的問題，而是教育心理的課題。兒童作文能力的低落，除了整個大環境的問題，還牽涉兒童作文教材教法的教育理念問題。

那該怎麼辦呢？

我認為要將作文，尤其是國小、國中的作文教育，回歸到最原始、最單純的面貌，才有可能讓學生重拾作文的樂趣。並且認清這個時代的環境、次文化對學生的影響力，才有可能提振學生的閱讀力，學生作文的能力。

你對作文知多少？

每次到國小講述作文教育，我都會先詢問一個命題：「對你而言，什麼是作文？」

就像每個簡單的概念，都很難被下定義，每個老師都開始沉思。然而我要的不是定義，我要的是思索，有助於每個人釐清自己對「作文」的觀念。

教師的答案不外乎以下幾種：

◆寫出一篇優美、文情並茂的文章，修辭優美，善用成語。

◆心裡想什麼就寫什麼。

◆要有起、承、轉、合，要切合主題，還要真實。

◆寫出心中的話，就是作文。

◆符合基測考試的寫法就是作文。

◆就是寫一篇文章。

從以上幾個主要答案，可看出每個人的答案各有不同，但落實在課堂中操作，就殊途同歸了。比如孩子真要是「心裡想什麼就寫什麼」、「寫出心中的話」、「隨意寫一篇文章」，可能不符合教師對作文的期待，因為大多數人的潛意識裡，都被某個「作文觀念」綁縛，隱隱操縱著我們的作文教育理念。這個作文教育理念，可能來自「基測」考試，可能來自同儕，可能來自家長，可能來自其他教師，可能來自報章，可能來自小時候傳承的觀念局限。

在講述作文教育之前，我常先打破這個隱形的作文觀念，讓「作文」的形式回歸到更自由的空間。

我隨手拿起五南圖書出版公司的《國語活用辭典》，對作文一詞的解釋如下：運用文句寫作而成的文章。但對於文句一詞，字典中便沒有解釋了。這個解釋讓人對「作文」一詞有很多的想像空間。

我理解的作文，簡單來說就是：創作一篇文章。

在創作一篇文章的背後，我對作文的目標是：

1、不畏懼書寫、熱愛閱讀。

2、流利、優美的文字表達。

3、對文學的審美能力、創造力。

這一本書，就是為了達到這三個目標而提出的方法。我的策略以引導為主軸，啟發創意，進而建立書寫習慣，再下一步，則是透過閱讀、討論，使寫作進入更深的層次。此間，也會碰觸到一個課題，那就是如何帶孩子進入閱讀？用什麼方式讓孩子更願意閱讀？而少閱讀的孩子，如何運用他們的次文化，進入更深一層次的文學內涵。

但是，檢視台灣現今的作文教育，並非創作一篇文章，而是偏向製作一篇文章。主要的原因，在於「創作」不容易教，因為「創造」沒有標準答案，和台灣習慣的教育方式大相逕庭，尤其強調分數的教育環境，「創作」的作文該如何評分呢？

而「製作」文章，通常潛在一套按圖索驥的法則，作出一篇標準文章。比如數年前，《聯合晚報．家庭版》刊出一則短文：「媽媽向來鼓勵小三的女兒

寫作文不要參考範本，盡量把自己的感覺寫出來。某日，女兒作文得了高分（九十幾分），很高興拿給媽媽看，媽媽發現很像範本文章，問女兒後，發現老師教作文的方式，就是在黑板上抄一遍範文，要孩子們只要替換名詞就好。媽媽鼓勵孩子還是應該寫自己真正的感覺，孩子照自己的意思寫了，但不僅分數降低（八十幾分），文詞還被老師塗改。孩子問媽媽：如果我繼續照自己的意思寫，萬一分數不及格，怎麼辦？」

隨著這幾年作文觀念的發展，這樣的狀況已經稍有改善，但仍可以在坊間與學校看到這樣的操作方式。如此一來，孩子的創意被範本剝奪了，當孩子失去範本，沒有標準答案以後呢？有多少孩子，還能寫出自己的聲音？寫出好文章？

雖然這樣的例子減少了，但是另一種形式的「製作」方法出爐了，即是大

量教修辭學，期待學生套裝優美的修辭，或者在作文中大量使用成語。

我並不反對文章需要修辭，但我反對兒童在作文的發展期，套裝了大量的修辭技巧；我也不反對孩子使用成語，但我反對刻意且大量的，將成語套裝到文章中。

這不是治本的方法，也不一定能治標。因為在教導修辭的過程中，學童多半對國語文倒盡胃口，又怎麼會喜歡上寫作呢？

教修辭之必要？

我常遇到孩子們拿修辭的作業問我，那些匪夷所思的問題，我通常不會。關於小學生學修辭的問題，李家同教授曾經為文疾呼小學教修辭之不當，並且舉學校考試的修辭問題的荒謬，於此不再贅述。事實上，數年之前，我在某個中文教學會議提及此問題，現場的大學學測召集人張簡坤明教授，也笑著說自己也不會那些國小修辭問題；聽我談及此問題的師範大學副教授、散文名家徐國能，也說國小教修辭是難以理解的事。

然而，我在國小演講時談及此問題，不少老師回應我：「如果不學好修辭，作文怎麼會寫得好？」

這實在是很有趣的問題，這句話意味著：學好修辭的人，作文才能寫得好。但我所認識的作家們，幾乎沒有人學過修辭學，沒有誰在寫作時，還特別去想修辭學的問題！而且面對國小修辭的問題，作家們簡直抱頭鼠竄，沒幾個人能回答出來。

那麼學好修辭的人，真的就能寫好作文嗎？如此說來，那些教修辭學的學者、教師、教科書編纂者，都應該寫出好作文，事實卻不然！有一次我去某國小進行七個小時的教師研習，研習主題就是作文教學。他們都身懷修辭解題絕技，談論修辭學的問題破解頗有心得。研習不久，我邀請教師上台，示範一段平日作文教學，再邀請所有老師提筆寫作，所有教師都大喊救命，紛紛告饒說寫不出來，有人自陳很久沒碰作文，有人坦白作文不擅長，也有人說怎麼下筆？我並非要考倒老師，原先設計課程的目的，是邀請教師感受孩子寫作的心情，就知道如何對孩子進行引導，卻意外辯證教導修辭學和寫作文是兩件事。

那為何一定要學修辭學呢？尤其是在國小階段？我相信百分之九十九的作家會反對。但教師關心孩子的文字口語化的問題，文字怎麼達到優美？文字如何更有質量？也許由此主導教導修辭學的方向，但這些目標不需要靠教導修辭，還有更棒的方法可以達成，將在本書漸次敘述。

作文大量使用成語的迷思

常看到作文補習班，都以教導孩子學會成語為訴求。我很好奇，成語怎麼還需要教？還要怎麼教？我就讀國小時代，學習成語是一個自然的過程，每一條成語背後，都有迷人的故事，讓孩子喜歡閱讀；另一方面，大人說話、用字比較典雅，自然也就影響了我們對成語的使用，當我們使用成語，很自然聯想到背後的故事所指涉的意義，成語的使用有其美學效應。

但如今的時代，是一個多元文化紛呈的年代，成語的使用環境不如以往，語言受全球化、次文化的影響很大，語言的面貌轉換很迅速。在這樣的環境下，要孩子強背硬記成語，甚至大量使用成語，殊為不易，教學者稍有不注意，容易讓孩子流於套裝語言，產生不假思索的弊病，反而遠離了客觀環境與主觀感受，遠離文學美學的核心價值。

比如要書寫一位美麗的女孩，孩子可能簡單、迅速的套上成語：美若天仙、如花似玉。再高級一點兒：沉魚落雁、閉月羞花、傾國傾城。再有特色一點兒：秀外慧中、蕙質蘭心。

但你可能好奇了，從這些成語的使用中，這位美麗的女孩的面貌如何？是長髮？短髮？是瓜子臉？鵝蛋臉？是丹鳳眼？還是水汪大眼？身材是瘦是豐、是高是矮？臉上有痣嗎？聲音是高揚抑或低沉？

孩子在套裝語言的學習過程，常常使用一個成語、詞語便了事了。形容好天氣，大半都是風和日麗、晴空萬里；形容壞天氣都是細雨綿綿、風雨交加；形容行動迅速都是三步併作兩步。

當一個孩子在國小二、三年級時，會用沉魚落雁形容美女，老師會怎麼說呢？通常老師會認為孺子可教，稱讚這孩子寫得好。到了國小六年級，這個孩子會如何形容美女呢？依據我的觀察，通常還是沉魚落雁。

大量的使用套裝語言，是製作文章的過程中常被強調的方式，卻造成孩子不假思索的套用，無形中和客觀環境產生斷裂，和主觀感受產生隔閡。這和文學強調豐盛的內在感受，觀察外界萬物變化，背道而馳。當學子面對考試，紛紛使用同一群組成語形容事物，恐怕也不會是取得高分的途徑。

我不反對成語，反而覺得成語是門大學問，成語言簡意賅，蘊含典故，適當且自然的使用，可以展延文章的情意，可以豐富文章的內涵。但是若一味的硬記死背，套用在作文之中，恐怕要更謹慎的思索，是否恰當。我常遇到學生來找我，問我如何將成語放在文章中？因為老師規定，一段文章要置入四句、五句成語，我見過最誇張的例子，是五十字的文章，要放入八個成語。我不清楚學生是否和我開玩笑？因為八個成語要三十二字，剩下十八字的非成語，那豈不是變成駢文？但卻反應一般教育環境中，成語被套用的程度。

如果大家認同作文是製作一篇文章，不管是製作出標準範本，或是打造好文字磚塊般的修辭、成語套入，我不禁要問，這樣的作文，真的有益於孩童寫作嗎？我們要達成的作文教育目標，究竟是什麼呢？

兩代差異下的作文教育比較

這個時代的作文教育，還常聽見強調兒童下筆「起、承、轉、合」、哪一段落該寫哪些內容、大量成語、修辭的教學方法，在批改作文時，仍舊使用批判式、概念式的批評，比如：文通字順、文詞優美、結構完整、結構凌亂、詞不達意等，仔細檢視，這些寫作方式與批閱詞彙，對孩童作文幫助不大，應該審度這些作法，是否真有益於兒童作文教育？

這些作文教育的方式，我在孩提時代就曾經聽過，教師也使用過，但是我們孩提時期可以這樣教、這樣改，問題不大，但是現在這樣教、這樣批閱，常會遇到困境。

因為時代環境已經不同，作文教育應該有新的面貌產生。

環境的差異

出生於一九九〇年以後的人所成長的世界，和我孩提世界相當不同，其間的變動令人難以置信。一九九〇年以後成長的孩子所處的世界：電話隨身，電視必備，電腦必須，網路普及，權威解構，多元紛呈。和我孩提所見所聞的世界，大不相同。

我出生於一九六七年的萬華，三歲搬到苗栗的苑裡鎮，五歲左右搬到台中市。童年最美好的記憶，是住在北屯區景美巷的歲月。前門那條巷子，通往一片竹林，是我抓金龜子、筍龜、蟻獅、蜻蜓玩耍之地。家後面那條旱溪，則是我最喜愛的河流，每逢旱季，溪流中的石頭清晰可見，魚蝦成群，目視所及的大部分石頭，都有數十隻至上百隻的河蝦盤據，河蟹也成群縮居在石縫。夏季旱溪水位驟減，石頭裸露，可見河蝦至死都盤據其上，成為眾雞隻的點心。

旱溪魚蝦繁多，溪哥、鯽魚、吳郭、土虱、泥鰍、河鰻、鱔魚、鯉魚、鯰魚，都是孩子們下河捕撈的目標。雨季來臨時，旱溪河水暴漲數公尺，孩子們排排站，在河壩上撈漂流木，供家中的灶燒柴。

我童年的夢想，就是能抓到最大條的鯰魚，撿到最大顆的火雞蛋，烤香噴噴的地瓜，還有抓到在攔砂壩悠遊的鴛鴦。攔砂壩上常有鴛鴦的蹤影，我將家中買電冰箱送來的大型保麗龍板，放在小水壩上當舢舨梭巡，欲逮一雙鴛鴦回家豢養，卻總是失望而返。

那是我生長的環境，很多和我同年代的人們，對我所言應覺熟悉。即使不是和我一樣，生活在河邊，成長於鄉下，但大部分的人，肯定比現今的孩子還要親近土地，親近自然。

很多作文教育工作者會說：想把作文寫好，要有豐富的生活經驗，最好多和大自然接觸，開發五種感官，作文才會寫得深刻動人。

但現在的孩子，顯然離土地、離自然比較遠了，過去的自然環境如晨霧般的逝去了，孩子們的世界，必須在大量次文化和科技用品中求得適應，他們不再有那麼多的生活素材寫作，感官也不像我們以往敏銳，內容可能不如我們豐盛。

這是兩代在生活環境上的差異。

閱讀的差異

我就讀國小的時期，家中買了第一台電視，當時很多同學家中沒有電視。即使家有電視，也只有三家無線電視台，每天播放的時間有限，不超過六個小時。那是純真年代，家中沒有電腦，也沒有電動玩具，孩子們最奢侈的事，就是晚餐左近，守在電視旁看半小時的卡通片。

當時台灣處於戒嚴時期，尚有報禁、書禁，孩子們在文化不夠多元的條件下，對文字非常渴求。記得教室後面的布告欄，每天張貼《國語日報》，天天有人排隊閱讀，從新聞到副刊，無一遺漏，當然也不會錯過最精采的四格漫畫：「小亨利」。教室裡有一個小書櫃，書櫃裡的書籍早被我翻了又翻，所有的書看了N次。當我國小五年級時，我已經讀完《薛仁貴征東》、《薛丁山征西》、《七俠五義》、《水滸傳》、《三國演義》、《紅樓夢》、《海公大紅袍》、《湯姆歷險記》、《基督山恩仇記》、《茶花女》、《俠隱記》等名著，還有各種中西人物傳記、成語故事、歷史故事、民間故事。

我成長的年代，閱讀的作品其實很文學，這些閱讀的篇章，日後有很大比例出現在我們的國語、社會、歷史課本中，和我們的主流學習接軌，這些閱讀也有助於書寫的能力。不只是我，班上同學的閱讀範疇也差不多，偶爾有幾本漫畫書在班上流傳，也影響不了我們閱讀的面向。

現在的孩子閱讀的主流，和我們相去甚遠。

你聽過「御我」嗎?這位作家被封為輕小說女王，銷售長紅。

你聽過「護玄」嗎?不少學生說她才是輕小說的王道，銷售長紅。

如果你沒聽過上述兩位，那你應該聽過「橘子」吧!這位網路作家的小說，便利超商陳列一整排!銷售若不好，大概不會這樣擺著賣。

至於「九把刀」，你可能更耳熟能詳了，作家能上電視拍廣告寥寥無幾，九把刀是其中一位。

如果上述作家你都沒聽過，那就更別提ＢＬ小說的作家，還有流傳在小學生手中一本本的言情小說。

二〇一〇年台北國際書展，有學生告訴我，他們接連去了幾天，為拿到上述作家簽名。年輕的「粉絲們」大排長龍，只求一睹作家風采，要排隊一整天，才能一償宿願。但有出版社向我訴苦，一位旅外的知名作家出席書展，一整天來簽名的民眾僅十餘人。

如果你是教師，或者是家長，而且經常性閱讀，但你對孩子們的閱讀並不熟悉，這意味著什麼?意味著兩代之間的閱讀選擇，存在著很大的斷裂。也意味著孩子的書寫，也可能脫離了我們閱讀經典時的面貌，朝向流行文學發展。

不只是閱讀，孩子們的世界還有漫畫、電玩、電視、網路等次文化，在在影響他們的書寫面向。

以前我們的閱讀和主流價值有接軌的空間，而如今我們強調的主文化和孩子們熟悉的次文化，卻逐漸成為一條河的兩岸，相望而不想相見。

在我們的年代，社會環境還不開放，資訊也不如現今大量發展與流通，流行文化對我們的影響不大。那時採取套裝模式的教學法則，因為學生生長的環境接近自然，閱讀的面向和主流價值接近，因此這是一個可行的作文教育模式。但這個年代不同，我們所理解的作文美學，和這個時代的孩子們所接觸的美學觀常常大異其趣。面對這樣的狀況，我們的兒童作文教育的策略，採取的是灌輸式、套裝的作文教育，和他們的次文化相去甚遠，不僅事倍功半，也無法喚起孩子對書寫的熱情，反而覺得寫作枯燥，且有挫敗感。

作文教育的策略

兩個世代的生長環境、閱讀喜好都相差甚遠，書寫的策略也有所變化。我們所熟知的「起承轉合」架構下，現今的孩子，沒有那麼多豐富的生命經驗可以書寫，即使寫出來的內容也大同小異。他們親近的語言，也充斥著大量不合宜的次文化，教師硬要填充套裝的成語及修辭，他們若非用完即丟，就是根本不會使用，或者常在幾個成語中打轉。

因應這樣的狀況，我的兒童作文教育策略，有幾個步驟：

解放：

當兒童開始學習作文，應當讓孩子們敢於書寫。兒童寫作文之初，開始學習使用文字，教師的教學目標宜遠，不應只讓孩子寫出一篇工整的作文。因此，不宜使用嚴謹的「起承轉合」結構，也不要強調使用成語、修辭，應讓他們大膽書寫，對寫作不會產生恐懼與排斥。

接受孩子們的文字菁蕪並存，是很重要的態度。一般的教師在批改作文時，常使用指導式、批判式的傳統批改策略，很容易讓孩子的作文緊縮，不敢下筆，或者找最安全的方法下筆，都無益於兒童作文的發展。

孩子初寫作文，本來就會寫出不成熟的文章，但我們看媒體、教師大量引用孩子不成熟的文章調笑、嘆息。試問，這樣的狀況下，孩子怎麼敢再寫作文？

如何將孩子不成熟的文字，引導至趨近於成熟，寫出優美完整的文章？除了本書後面提供的策略，還有教師批改的方式，也必須有所改變。

想像：

常聽見大人說：「孩子們寫的內容貧瘠。」一則是生活經驗貧乏之故，一則是教師要求寫作的方式使然，固定的套裝架構，孩子們只會在既定的架構下書寫。另一則是孩子們寫的題材，應搭配能啟發孩子的想像為訴求，豐富孩子們的內容。

當孩子們的書寫解放了，孩子的想像力也就被解放了，但還需要配套的方法，亦即作文課的授課方式，不再是套裝模式，改以能啟發想像力的授課內容。

覺察：

當孩子們敢於書寫，有了想像力，下一階段，應引導他們進入文學美學的核心。和孩子們討論，什麼是口語化？火星文要如何避免？什麼是簡潔？什麼是結構？什麼是言之有物？什麼是文學的美？

文學的自覺，通常與孩子們汲取的內容，所滋養的文學美學觀有關，這部分和教師的授課方式也有關係，我因此按照兒童心智的發展，將兒童作文的進程分為三個階段。其次，覺察是比較而來，讓孩子就同一個主題，同一類的描述，就文學作品比較，也容易提升文學的覺察力。

創造：

當孩子進入創作的過程中，雖然作品相對成熟穩定，但表現也會有高低起伏的狀況。教師不應要求學生每堂課都寫出一篇好文章，而應以學童在面對創作時，如何更專注面對焦慮為訴求，再以文章達成率（比如平均每十篇文章，成功率為多少？）來檢視學童的寫作進程。

上述所陳列的是作文教育的步驟，而實質上執行的內涵，則是發展創意作文，並以故事與討論取代傳統教學的模式。

故事性引發的影響力

透過孩子對故事的參與及述說，藉由教師的穿針引線，讓孩子從聽故事的人，成為說故事的人，並且意識到自己有敘事的能力，進而落實在書寫之中。教師對於孩子的敘事創意，不要予以質疑，在天馬行空的想法中，給予正向的好奇，讓孩子們的敘事邏輯得以呈現，開發他們的想像力。

從故事與討論出發

我的作文教育內涵，是自由的從故事出發，以討論取代套裝的架構，讓孩子們以故事作為創意作文的內涵。

為什麼要從故事出發呢？

因為孩子喜歡聽故事，透過故事的書寫，培養敘述的能力，開發感官能力，建構邏輯能力，進而培養寫出好作文的能力。

還有更多理由。

連結學童的閱讀

當今的父母越來越重視孩子們的閱讀，期望他們藉著閱讀增加人文素養，培養寫作的能力。因此父母會注意優良的童書，讓孩子們廣泛閱讀。

但翻開孩子的童書，什麼樣的元素最多呢？在孩子的童話世界、兒童故事書中，非紀實元素占壓倒性的比例。不用提流行的《哈利波特》、《魔戒》、《波西傑克森》系列，經典的格林童話、安徒生童話、中西名家寫的童話，都是非紀實的元素，甚至是奇幻世界。

檢視現今的兒童作文教育，紀實題材的書寫策略，卻壓倒性的成為不成文的規定。在兒童的生命經驗少，生活面向單一的環境中，硬要孩子們以書寫「真實」為前提，則孩子們寫出來的內容不僅大同小異，也缺乏深刻的表現。

為何不以故事為內涵，作為書寫策略呢？孩子們有這些故事閱讀輸入，卻不能以故事為輸出練習敘事，無疑是浪費了龐大的資源。

透過故事書寫，孩子們逐漸熟悉使用文字、鍛鍊文句的能力，學習如何敘事，這是借力使力的便捷方法。

故事的力量

每一個人都喜歡聽故事，尤其是精采的故事，如果生活中缺少故事，將缺少很多樂趣。比如一個演講者，拚命在台前講述理論，聽眾可能昏昏欲睡，但演講者放入精采的故事，聽眾常神采奕奕。

一部好看的電影，一本好看的小說，一齣絕佳電視劇，一齣歌劇、舞台劇，都需要好故事，這些好故事將使人咀嚼再三，回味無窮。

在生活中，好故事同樣迷人。比如一個業務員，如果不懂說故事，只會條列說明產品的好處，消費者的購買意願肯定不高。但是業務員若能為產品說出動人故事，消費者會有較高意願聆聽，甚至被故事打動而消費。

教師、父母、夫妻、朋友之間，有了故事，互動將更熱絡，交談將更生動有趣。

故事有強大的力量。

古老的阿拉伯故事《一千零一夜》，故事說了一千零一夜，最後保住了性命。

電影《遠離非洲》的女主角梅莉．史翠普，說故事以饗宴客人，作為最特別的招待，令人印象深刻。

前一陣子，常聽見國內的文學獎評審們大嘆：「現在的小說創造者，都失去說故事的能力了，使得小說乏善可陳。」可見說故事能力的重要。

故事開發感知能力

現在的孩子，生活經驗較局促，較少和大自然接觸，感知的能力也狹小了，無疑也使現在的作文教育工作者傷透腦筋，拚命想開發孩子們的感知能力。因此作文課摸箱子裡的事物，蒙著眼睛嚐食物，聽各種聲音，聞瓶子裡的氣味，使用各種方式開發五感，想要擴大學生的感知能力，成效卻有限，因為從開發感官到開發出色的描寫之間，失落了關鍵的連結。

成長文教基金會出版蘇珊．恩傑《孩子說的故事》，引用俄國心理學家亞歷山大．羅利亞的說法，語言的學習讓我們超越當下的行動世界，進入第二個世界：「如果沒有文字，人類就只能接觸到他們本身感知得到，並且可以處理的事物。有了語言之後，即使是前人的經驗，或不是自己直接感受到的事情，人類還是有機會接觸。因此文字可以說是替人類增加了另外一個空間。」

蘇珊・恩傑據此提出，故事可以說是人類的第二層經驗，並且反映出我們各種不同種類，不同層次的經驗。

從蘇珊・恩傑的話中延伸，一位作家沒經歷家暴，但是能寫出家暴感受的小說，出色的描寫，依舊語言細膩動人。一位讀者不是孤兒，但是讀到孤苦無依的小孩，在淒風苦雨中挨餓受凍，卻能感同身受。

因此從故事的聆聽中，開發非直接、第二層的感知能力，再從故事的書寫中轉化感知經驗，重組感知的敘述，往往會得到意想不到的效果，加上課程的討論，開發特別的經驗，開發不同的觀點，感官的效果會更擴大。

在這本書裡面，你將從孩子的文章中看到不可思議的感官描述。

從自由的故事出發，而非從套裝形式開始寫作的創作者

賈西亞．馬奎斯

一九八二年的諾貝爾文學獎得主，賈西亞．馬奎斯，在接受同為哥倫比亞作家的門多薩訪問時，有下列一段對話：

馬奎斯：我十七歲那一年，讀到了卡夫卡的《變形記》，當時我認為自己準能成為一個作家。我看到主人公一天早晨醒來，居然會變成一隻巨大的甲蟲，於是我就想：「原來能這麼寫呀。要是能這麼寫，我倒也有興致了。」

門多薩：為什麼這一點引起你那麼大的注意？這是不是說，寫作從此可以憑空編造了？

馬奎斯：是因為我恍然大悟，原來在文學領域裡，除了我當時背得滾瓜爛

熟的中學教科書上那些刻板的、學究式的教條之外，還另有一番天地。這等於一下子卸掉了沉重的包袱。

大江健三郎

一九九四年的諾貝爾文學獎得主大江健三郎在《如何造就小說家如我》提到，在老家主屋後面的獨間房裡，聆聽祖母和母親講述「奧福」傳說，那些村裡小小的歷史故事，對領導農民暴動、企圖顛覆官方體制的家鄉傳奇人物奧福印象深刻，廿七歲便寫了嘲諷天皇神格化信仰的作品。

關於奧福，是農民暴動的領導者，試圖顛覆官方的整個權力體系，儘管遭到了滑稽的失敗，卻仍不失為一個富有魅力的人。大江就在祖母和母親的片段敘述，不斷思考奧福這個人的人格過程中，度過了自己的少年時代。與此同時，他用自己的語言，敘述著他心中奧福的虛擬故事，卻被當成是撒謊的小孩對待。

手塚治蟲

以《怪醫黑傑克》、《原子小金鋼》遠近馳名的手塚治蟲，也是日本戰後最偉大的漫畫家，在大阪府立池田師範附屬小學就讀時，就在班上發行科學雜誌，名字相當特別，叫做《世界萬有科學體系》。這麼有創造力的漫畫家，自承是受了小學老師乾秀雄獨特的「自由作文」教學，不叫學生寫訂好題目的八股式文章，而是要他們自由發揮，寫越多越好。手塚與其說是在寫作文不如說是在編故事，這種訓練提升了他運用文字來「說故事」的能力。

薩依德

著有《東方主義》、《文化與帝國主義》等重量級著作，目前已逝的文學兼文化批評家薩依德（Edward W. Said）於就讀大學期間，大學教授派給他一個不起眼的論文題目：「論點燃一根火柴」。他上圖書館翻遍百科全書、工業史、化學手冊，研究火柴是什麼東西？然後有系統的作摘要，抄錄搜尋所得。教授說：「我們檢視一個人點火柴，這是不是最有意思的寫法呢？如果他是想放火燒一塊森林，在一個洞穴裡點火柴，或者，打一個比喻，如果他是想照亮一件神祕未明的事情，像牛頓處理萬有引力，可以如何寫法？」薩依德先前被壓抑的東西，在此刻被喚醒，他先前在寫作上受壓抑、受窒扼，必須寫出滿足標準化的格式，和考試方式的法則，在此刻都被釋放了。

維卡斯・史瓦盧普

奧斯卡最佳影片《貧民百萬富翁》暢銷原著小說，作者維卡斯・史瓦盧普（Vikas Swarup），回憶小學時代寫作文，老師曾經以「最倒楣的一天」為題目。同學們不是寫踩到香蕉皮跌倒，就是寫看到圍牆上跳上一隻黑貓（印度人忌諱看到黑貓）。但是維卡斯卻寫了一個故事：三個搶匪去搶銀行，得手後正準備逃離現場，卻不巧遇到大地震。銀行倒塌了，三位搶匪被活生生埋在瓦礫堆裡，露出六隻眼睛，眼睜睜看著外頭大批的警察圍上前來。

萬城目學

在台灣出版過《鹿男》、《鴨川荷爾摩》等暢銷小說的日本小說家。他曾提到寫作動機的源頭，其實來自學生時代，老師所出的一道作文聯想題——「起風了，花店就會賺大錢」。當時他在下課五分鐘內緊急寫出來的聯想故事，打敗了全班同學，獲得老師頒獎鼓勵。萬城目學說他沒想過如此胡扯的故事，竟然可以受到老師的青睞，原來寫文章並不一定要正經八百、循規蹈矩，他的想像力從此解了套，也埋下往後寫小說的創作種籽。

我記憶中的第一篇作文

我就讀的小學，是台中市的建功國小。當時流行的作文格式，也不知道是怎麼傳播的？作文的結尾段落，一定要加上「早日反攻大陸，解救水深火熱的苦難同胞」，才算是合格的好作文！這個現象，九〇年代賴聲川的相聲劇還曾調侃過。大學時期，我整理國小至國中的作文簿，十篇有八篇的結尾，都會來上這麼一句，自己看了都好笑。不管題目是中秋節、端午節，還是運動會、遊記、我的母親，幾乎都可以冠上「水深火熱」之類的八股文收尾。仔細思考，這些固定形式的書寫策略，也出現在老師批閱作文的評語，同樣是安全且固定的形式：「結構完整、文意通順、前後呼應、生動有趣。」

坦白說，當時看這些評語，不大了解什麼才是結構完整？什麼是結構不完整？那樣寫是通順？那樣寫不通順？又怎麼樣的文字才算生動？就像反攻大陸只是一組詞彙，我並不知道那樣的詞彙，需要經歷戰爭的恐怖，也不知道大陸人民怎麼會生活在深水中、在熱火裡？又為何要解救他們？一切都在懵懂狀態。

學生時代，我的功課很差勁，作業很少繳交，是老師眼中的壞學生。但寫作文對我而言，倒是沒有困難，反正亂掰一通，結尾套個公式，交差了事。雖然不曾寫不出來，卻也鮮少被老師讚賞。

唯一令我驕傲的作文記憶，發生在小學三年級的自習課。那是某個週三中午，接近下課時間，同學紛紛收拾書包，等待老師宣布放學。沒想到年輕美麗的班導師卻板起臉孔，嚴肅的教訓我們：「作文是怎麼寫的？只有班長一個人認真寫，其他人都敷衍了事！除了班長以外，都留下來寫作文，不准回家吃飯。寫完交給我看，我說好，才能走！」

全班噤聲不語，只有班長安靜離開。對我而言，班長功課最好，被老師稱讚理所當然。但對其他功課優秀的同學而言，老師的訓斥，卻是一種折磨，因此有幾個好學生哭泣了。我記得自己的困惑只停留一會兒，便拋諸腦後，反正我也搞不清楚，作文該怎麼認真寫？何況文章已經寫了「反攻大陸，解救同胞」，老師竟然打回票？這是怎麼回事？

但我調皮慣了，不會為這種事情難過，沒多久便振筆疾書起來。

我當年寫的作文，早已資源回收了，但是這麼多年來，我仍然記得作文的大概內容，我試著以小三的口吻寫出來：

爸爸從田裡種菜回來，進門的時候，很大聲的呼喚媽媽：「老婆，吃飯吧！我已經種完菜了，鋤頭也藏好了，就藏在第三棵木瓜樹下。」

這時，媽媽生氣的瞪爸爸一眼，緊張的說：「你這麼大聲作什麼？不怕鋤頭被人家偷走嗎？」

爸爸聽了，趕緊跑回菜園，看鋤頭在不在？回來之後，在媽媽耳邊小聲的說：「老婆！鋤頭被偷走了！」

老師現場批閱作文，在作文簿上寫著「文意通順、生動有趣」，評為「甲上」。我猶記得離開教室的時候，身上沾滿得意的春風，腦袋裡面不停的播放「甲上」的字跡，還琢磨著「文意通順、生動有趣」的意思，沾沾自喜。倒是那些優秀的學生，面色凝重，下筆猶豫再三，寫了又擦，擦了又寫，文字沒個著落處。我偷偷瞅了他們一眼，心情愉快，那是我學生時代最得意的記憶。

這篇作文寫的內容，是參考書中的小故事改編，並非真實發生的事件。但那時候，爸爸在家後面的河床地上，開墾一塊菜田，常常扛著鋤頭種菜。也許生活經驗之故，改編這則類似笑話的故事，卻得到老師的肯定，無形中讓我增添信心。

故事作文的附加價值

孩子會利用故事建立自我意識，除了真實的經驗，任何可能或不可能的事物，都可以當作故事題材。蘇珊・恩傑舉一個五歲小孩虛構的故事：「無論故事是不是根據特定回憶，在建構故事或自我時，創造和回憶都一樣重要。」

這一點放在心理學的領域中，可以理解敘事治療的脈絡，而在故事作文領域中，也有同樣的功能，去釋放孩子不能正視的憤怒、失落與悲傷。

我在體制外中學教書的時期，從來沒有教過作文該如何寫，只是在課堂利用故事，去發展孩子的想像，書寫的時候，請孩子們解放腦中的框架，大膽下筆。

有一位國二的轉學生阿Q，開學前媽媽特別告訴我，希望我不要強迫阿Q寫作文，因為阿Q曾在日本待過，中文程度並不好。上國中時，始終寫不出作文，遭到老師責怪不認真，心裡很挫折。

我並未要求阿Q寫作文，邀請他「自然」就好，想寫再寫吧！

兩次作文課後，阿Q寫出了第一篇文章，雖稱不上特別出色，但Q媽紅著眼眶來道謝，說這是她生平第一次看到阿Q的文章。

我以前有記錄學生資料的習慣，這一篇作文因此得以保留原貌，供讀者參考，作文主題是「字不見了」：

我家的倉鼠去世了，我很難過。想將牠的名字找出來紀念，可是我找辭典找不到倉鼠的名字。很奇怪。我去問別人，別人說不可能，別人找呀找，怎麼找不到。一看，字變成一個空白。有一位很奇怪的人跟我說你一定找不到，哈哈哈大笑，我想他到底是誰？

我去很多地方問。有一個說了你去找心靈學的人問問看。然後我就去了，就問為什麼辭典裡的字不見了？那人說了，你不會想一想啊，我就說為什麼要想一想？他說了：「好！我問你喔！你愛那隻倉鼠嗎？」我回答：「愛呀！」他說：「那就對啦！字不見是一定的，因為你家動物的名字不是雕到你的心靈嗎？」

心靈學的人說完轉身走了，我望著他的背影，好像我家死去的倉鼠。

阿Q的文字生澀，多處語句需要商榷。但卻是他多年來第一篇文章。

Q媽告訴我，看了這篇文章，她有兩個感動，一是阿Q寫出作文。二是阿Q是一個內向的孩子，不大說出心裡的感受，當心愛的倉鼠死了，Q媽常擔心孩子會陷入哀傷的情緒之中，不知道怎麼走出來，但是看了這篇文章，她放心不少。

從聽故事的人到說故事的人

以故事作為創意作文的脈絡，以討論穿插其中的理念，是小說家甘耀明和我發起，再經過一段時間落實，才逐漸醞釀出來的。

我一定要在此處介紹甘耀明，據此了解一位小說家在創意作文中，以故事上課的方式，及小說家之間的情誼。

甘耀明是我的同窗好友，我們一起念大學，一起在山中教書，彼此砥礪小說技藝，我們的情誼超過二十年了。甘耀明是這一代最傑出的小說家，他的《神祕列車》不僅拍成電視劇，更是鐵道迷的聖經；他的《殺鬼》不僅是年度好書，還發行簡體字版，銷售到中國大陸去了。

甘耀明在二〇〇二年離開體制外中學，成為專業的小說創作者，更在同年，一舉奪下台灣各大文學獎項，成為炙手可熱的作家。他隨即將手中小說交寄出版社，期望出版生命中第一本小說集，為創作留下一個具體的印記。他交寄的小說，很快得到回音了，寶瓶文化願意出版他的小說集。耀明在獲知消息之後，很興奮的催促我去投稿，說不定能一起出書。

我寫小說的成就與耀明有一段差距，怎麼敢和他相提並論？卻也從善如流，將小說集交遞寶瓶碰運氣。想不到我也得到寶瓶的回音，要出版我的小說集《上邪！》，出版社更租了國賓飯店，同時為我們兩人開記者會，發表我和耀明的新書。

我高興極了。

耀明樂壞了。

在課堂聽我介紹自己的孩子們，聽了這一段，常莫名其妙的笑了。他們也許對我和耀明有認同感，也許因為我的用詞，或我的表情有感染力？

同窗好友一同出書，人生一大樂事，耀明欣慰的拍拍我的肩膀，邀請我記者會當天一定要盛裝出席，好好表現。

耀明當時的女友吳琪仁聽見了，也直嚷著要去，只見耀明表情嚴肅，轉頭對她說：「可以，不過妳一定得記得，要盛裝出席喔！這可是我和崇建的大事呀！」

耀明特別在「盛裝出席」這幾個字加強重音，吳琪仁小姐直點頭答應。

新書記者會的那一天，天空埋下了千斤重的烏雲，壓得整個台北市喘不過氣來，待在家中的兩個男人——崇建與耀明也喘不過氣來。尤其是耀明，不僅在房間裡踱步，還不停看著腕錶，吐著大氣，甚至焦躁的踹著家具，因為記者會快開始了，吳琪仁小姐還沒有出現。

當年，手機還不普遍，吳琪仁小姐並沒有手機，想不到沒有手機這件事，成為一個悲劇故事的開始。

時間點點滴滴流過，耀明卻無法聯絡吳琪仁，氣急敗壞的耀明，不停咒罵著這位不守時的女性。

我不安的拉著耀明，要他節制情緒，卻反被氣頭上的耀明甩開手臂。記者會開場前的興奮，被不守時的吳琪仁攪亂了。

等不到吳琪仁，我們兩人只好先行赴往飯店，期待吳小姐能自己趕上記者會。孰料，吳小姐始終沒有出席記者會，甘耀明在記者會上的應答卻失誤連連，不僅對記者的提問答非所問，還頻頻望著窗外，一副心有旁騖的模樣，幾乎搞砸了整個記者會。

會後耀明鐵青著一張臉，像一團即將落雨的烏雲，帶著沉重的氣息走了。我跟在耀明身後十公尺，都能感到這股壓力隨時會迸裂，引發一場暴風雨，不敢太靠近他。直到進入租屋的公寓電梯，耀明突然注視著我，伸出手掌說：「拿來！」我一頭霧水，做了一個「莫名其妙」的表情，到底要拿什麼？

聽課的孩子們，已經走入我的敘事，迫不及待的想要解決我的疑惑：

「他要拿書啦！」孩子大聲的吼著。

「我很好奇，他怎麼會向我要書呢？」我跟著問話，發展孩子的敘述。

「因為你們去新書發表會呀！當然是跟你拿書。」

「對呀！當然要拿書，要不然要拿什麼？」

「是不是書只有一本，耀明怕你獨吞？」

孩子常七嘴八舌加入故事衍生出來的話題。

「我很好奇，你們好像很了解？知道新書發表會有新書可拿？」我的好奇挑起了他們的興致，他們紛紛表示自己很清楚這種情況，不停述說見解。

「耀明不是要拿新書，不是。」我彷彿潑了他們一頭冷水，語氣凝重的否定了他們的答案。「但是你們真的很有想法，像作家一樣，可以創造出精采的情節，如果寫作文可以這樣創造，一定很棒。」

更多的孩子迸出的答案是：「鑰匙！」

「我很好奇，他向我拿鑰匙作什麼？」我的疑問掀起了回答潮。

「他要趕快回家。」

「他想看吳小姐是不是在家裡？他要罵吳小姐。」

「他不想讓你開門。」

「他迫不及待要見吳小姐。」

「他要把鑰匙丟掉，不想回家，因為他太生氣，太傷心了。」

「因為鑰匙上有祕密。」

「因為那是吳小姐的鑰匙。」

孩子的答案繽紛有趣，每個答案的背後都可以發展一段敘述，我常藉著他們的答案，來回幾個問答，深入他們的敘述核心。

孩子介入故事，講者中斷故事，發展的敘述過程，對我而言，可以有幾個目標。

第一個是敘事的目標，當孩子們從聽故事的人，到說故事的人，他們已經在口語表達上，發展敘事，對於不敢下筆，疏於表達的孩子們，他們已經在創作，已經在表達，只要將他們回應的能力，轉化為文字書寫，就能達到寫作的初步策略。無論孩子們的回答，是否與講者的文本相同，他們都已經意識到故事的脈絡，創造情節。教師在此最重要的是，對孩子敘事的回應，不能只是檢驗標準答案回答「對」或「錯」，而是要以「正向的好奇」（附註一），來引導孩子對寫作有信心，對敘事有興趣。

比如孩子們提到這一句：「他要把鑰匙丟掉，不想回家，因為他太生氣，太傷心了。」

我的回應通常是：「你是說耀明既生氣又傷心，不想回家面對這樣的情緒嗎？我很好奇，你怎麼會這麼了解人性？」

「本來就是呀！人都會這樣。」

如果我要進一步發展孩子們的敘事，我會依著敘事的脈絡問話：「都已經快到家門了，如果耀明將鑰匙丟掉，他接下來會做什麼呢？」

「他會在公寓前發呆，生悶氣。」

「他不想待在傷心的地方了，突然轉頭離開家。」

「他還在生氣，所以要給女朋友一個教訓，丟掉鑰匙，讓大家都不要回家，他自己跑去住旅社了。」

很有趣的是，一個孩子發展的敘事脈絡，當你將問題以好奇的方式回應，會吸引更多的孩子進入討論，發展更深入的敘事脈絡。

第二個目標，是思考上的探索，同樣是這個問題：「他要把鑰匙丟掉，不想回家，因為他太生氣，太傷心了。」

我的回應通常是：「鑰匙丟掉會幫助他解決問題嗎？」、「這樣的決定會不會太負氣呢？」、「鑰匙丟掉，彷彿連兩人的關係都一起被丟掉了呀！」、「難道耀明不擔心女朋友出了什麼意外嗎？」

第三個目標，是發展人格教育與生命經驗的敘事，有時候，我會跳脫我的故事，詢問他們是否有這樣的經驗？比如他們都回答要拿鑰匙，當他們處於這樣的情況中，為何會想拿鑰匙？這是什麼樣的緣由？他們經歷過好友背信、不守時的情況嗎？我問他們的感受，問他們的想法，問他們的應對方式，問他們的期待，問他們的渴望，問他們最後的結果（附註二）。

我常將討論穿插在文本敘述中，讓孩子們停頓，讓敘述沉澱，讓思索緩衝發酵。當然，孩子不會忘記故事要繼續進行下去。

「阿建，到底是拿什麼啦？」孩子在討論的過程中，不會遺忘故事的情節，再三催促我繼續事件的發展。

耀明果真向我要鑰匙。

當我遞過鑰匙，耀明眼光變得犀利起來，可能是因為他看見吳小姐的拖鞋在門外吧！

他小心翼翼的轉開喇叭鎖，再猛力將門打開，一連串罵人的字眼脫口而出。但是，吳小姐並不在房中，那雙拖鞋是前幾天吳小姐來時留下的，忘了帶走。

耀明像是一顆洩了氣的皮球，癱坐在沙發上，失去了活力與生氣。

我一時之間不知該說什麼好？只能遠遠的望著他。

到底吳小姐去哪兒了呢？

吳小姐後來告訴我，她從台中開著老爺車北上，途中要去苗栗辦點事情，在三義下交流道，轉往台三線的山路，轉著轉著，竟然迷路了。山路崎嶇，山霧瀰漫，方圓數里都沒有人煙，讓人發毛。吳小姐正發愁要如何才能轉出這個山路，卻屋漏偏逢連夜雨，老爺車的油快沒了。

終於在轉過一個山坳之後，車子用光了最後一滴汽油，拋錨在山路上。怎麼辦呢？已經下午兩點，快要趕不上耀明和崇建的記者會了。吳小姐沒有手機，想要找個公用電話通知我們，不能準時出席。但是荒山野嶺，哪裡有公用電話？距離有人煙的地方都要走上幾個小時，吳小姐最後作了一個決定，在山道上等待經過的車子，借個手機通知耀明。

然而山中哪有車子來呢？偶爾一個小時才經過那麼一台車，吳小姐老遠就聽到車子的引擎聲，在山路上漸次放大，那聲音彷彿一隻名為希望的小鳥，從山谷中起飛，越來越靠近自己。但是，當吳小姐向車子招手，車子不但沒有停下來，反而加速離去，留下惆悵失望的吳小姐。

車子為何不停呢？學生們都有自己的答案，若學生是開車的人，他們停不停呢？據我的統計，幾乎沒有人願意停車，他們的理由差不多一樣。

山上的迷霧從午後就越來越濃，吳小姐一襲過肩長髮沾滿了水氣，加上耀明要她盛裝出席，她刻意穿了一襲白洋裝，在迷霧的山中，不免讓人浮想聯翩。

連學生都不願意停下來了，山道上開車的過客也都人同此心。從下午兩點一直到六點，總共五台車經過，竟然沒有一台車願意停留，吳小姐估計著，若是當初一拋錨就走路，這時也該下山了，但是現在後悔已經來不及。

黑夜的大網子已經降下來了，山裡的蟲鳴聲音叫得人心焦如焚，吳小姐既害怕又疲倦，心想總不能守著老爺車過夜吧！隔天還是得想辦法借電話，搭便車下山。

吳小姐最後下了一個決定，當下一部車經過時，不能只是招手攔車，應該跑到山道中間，伸開雙臂攔下一台車。

我問學生，這會是悲劇的關鍵原因嗎？因為我和耀明至今始終避談這件事。

「吳小姐被撞死了！」

「不可能！被撞死了誰來告訴阿建這些事？」

「路人說的啊！」

「警察判斷的呀！」

「那也不可能知道吳小姐一個人在山路上發生什麼事？」

學生你一言，我一語，討論著故事的敘事者是誰？常常碰撞出有趣的火花，我常常加入他們的疑問之中，去好奇他們如何思索？如何拼圖？他們的討論已經觸及敘事者和文本之間的關係，故事的敘事者，究竟需要什麼樣的條件？

吳小姐打定主意，不久便聽見黑夜中「噗突」、「噗突」的引擎聲傳了過來，彷彿希望的鳥兒再次飛翔。吳小姐朝山谷望去良久，她終於看見兩道光束，切開黑夜的帷幕，從山下盤旋而上，那是一台九人座的箱型車。

當車子逐漸靠近，吳小姐站在黑夜中，鼓起勇氣，深呼吸一口氣，伸開雙臂，站在馬路中央。

如果你親臨現場聽故事，你會發現此時學生都瞪大眼睛，聚精會神聆聽吳小姐的命運如何？因為他們從熟知的兩位老師身上，轉移焦點到吳小姐身上，並且透過互動，參與了這個故事，跟著故事中的人物一同呼吸，隨著文字飛翔。

箱型車逐漸靠近吳小姐，最終在她前面停了下來。

吳小姐總算等到一部停下來的車子，已經晚上七點半了，但吳小姐仍然忐忑不安，畢竟荒郊野外，不知道會遇上什麼人？

當箱型車的車窗搖下，露出駕駛的臉龐時，吳小姐鬆了一口氣，雖然駕駛表情冰冷，頂著一頭雜亂的「蓬草」頭髮，卻是一位女性。

她瞬間感覺安全了。

「妳有什麼事嗎？」女駕駛開口問。

「妳好！」吳小姐心想還是先借電話報平安，於是開口說：「我的車子拋錨了，想向妳借個電話通知朋友！」

「沒有，我沒有行動電話，車上的其他人也沒有電話。」女駕駛冷冷的說。

吳小姐探頭一看，箱型車總共有八個女人，除了司機之外，似乎都在睡覺。

「那妳能載我一程嗎？到有人家的地方，只要到能借電話的地方就好了。」吳小姐小心翼翼的祈求著。

女駕駛等了很久才冷冰冰的說：「妳上車吧！我們剛好差一個人！」

吳小姐雖然對女駕駛的話感到不安，仍然立刻上車，但身子卻些微顫抖著，恐懼赤裸裸的暴露在月色中。

車子在山道上重新前進了，令人擔心的是，山道越來越狹隘，旁邊的懸崖越來越陡峭。而且，山路上的路燈，從二十公尺一根，到一百公尺一根，這意味著路途越走越偏僻，讓吳小姐心生疑懼，這車到底要開往哪裡？

吳小姐鼓起勇氣詢問，竟然發現自己的聲音有點兒顫抖：「請問，這車要開往哪裡？」

女駕駛沒有回答，吳小姐的話被黑夜吞噬了，只有「噗突」、「噗突」的引擎聲，在寂靜的山路上運轉著。吳小姐身子趨前，看見女駕駛那一頭蓬草似的頭髮，心也跟著慌亂起來，過了一陣子，只好放大了音量，再一次問：「請問，這車要開往哪裡？」

女駕駛依舊沒有回答。

這車到底要開往哪裡呢？

「這車要開往墳墓！」學生說。

「我很好奇，你怎麼會知道要開往墳墓？」我想讓孩子的回答接續下來的敘事。

「因為你形容得很恐怖呀！那個女駕駛載的一定都是死人，所以沒有人講話。」

「那駕駛也是死人嗎？」

「嗯！駕駛是盜墓的人，將屍體偷走，要不然就是要去殯儀館。」

「那你認為吳小姐會發生什麼事？」

「可能最後被嚇死了，也被送進去裡面了。」

我應該臉露驚訝的表情，詢問：「你是不是常看恐怖小說呀？怎麼編出這麼嚇人的故事？你一定是個寫作高手！」

在此處，學生的發言，肯定會引來更多學生參與。他們對這台車的去處和發展的敘事，超過十種版本，我印象深刻的有好幾個，下面舉一個有意思的發展：

「那只是普通的車而已啦！吳小姐一定是自己嚇自己！」

「那女駕駛怎麼都不說話呢？」我從他故事的邏輯詢問。

「也許那個女駕駛耳朵不好，吳小姐坐太後面了，聽不到。」

「那這台車到底會開去哪裡呢？你要不要來個大膽的猜測？」

「其實這台車也迷路了，所以女駕駛沒有回答。」學生突然發展的這一段敘述，我認為是在問答過程中被激發出來的，這樣的狀況很常在故事的互動中出現。

「你是說這台車也迷路了，那會發生什麼事？」我鎖定敘事發展的脈絡，開發他們的敘事。

「這台車也快沒油了，最後拋錨了，他們全部都下車，一群人全都在等，等另外一台車經過，然後借電話。」

「哇！如果要寫一個借電話的故事，你將這個劇情直接變成文字，就非常棒了，太了不起了！」這是我的即時回饋。

課堂一陣哄堂大笑。

在發展孩子的敘事時，我常會自嘆弗如，身為一個小說家，遠遠不如孩子發展的敘事脈絡。

吳小姐得不到回答，卻驚醒了身旁的乘客，那乘客睡眼惺忪的望著她：「妳回來啦？」

吳小姐趕緊解釋：「不是，我剛才坐上車，只是想借個電話！」

「唉呀！隨便啦！」女乘客只是自言自語，轉頭又睡著了。

所幸過一個彎，山路變得開闊起來，路燈比較密集了，峭壁消失了。最終，箱型車在一個巨大的鐵門前停下來，女駕駛隨即喚醒眾人，要她們下車。

打開大鐵門的是一個胖女人，腦袋像一顆小玉西瓜，頭髮稀疏，不停催著乘客快點進來。吳小姐排在隊伍的最後面，進門之前，她告訴胖女人：「不好意思，我不是和她們一夥兒的，我只是來借個電話。」

胖女人不耐煩的點點頭：「我知道，妳先進去吧！」

吳小姐很不放心，繼續解釋：「我在路上攔到那台箱型車，因為我的車壞了，沒有電話。所以我搭便車，只是想借個電話。」

吳小姐轉過頭來，表明自己搭著箱型車來的，卻發現箱型車已經開走了，只剩下兩盞暗紅色的尾燈，消失在夜色中。

怎麼辦呢？吳小姐後來告訴我，那時心裡想的，還是要借電話，沒有想要去借宿。

進了大門，吳小姐覺得那裡面既像醫院，又像學校。胖女人將一群女人帶進宿舍，分配床位、臉盆、牙刷、毛巾給每一個人。吳小姐不停的詢問：「電話呢？」得到的都是胖女人敷衍的回應。

當吳小姐被分配到床位的時候，她動怒了，「喂！妳在幹什麼？我不是來參加活動的耶！」

胖女人此時將頭偏著，睥睨著吳小姐，那模樣像一顆很跩的小玉西瓜，有點兒滑稽。胖女人不耐煩的說：「我們也不是讓妳參加活動的呀！」

吳小姐說：「那就別給我床位，我是來借電話的！」

「明天再說，今天先乖乖睡覺！」胖女人齜牙咧嘴的說著。

吳小姐也不耐煩了，一天以來的不順遂，讓她心力交瘁，「那我要走了，我沒辦法忍受這裡陰陽怪氣的調調！」

胖女人拒絕了她的要求，「小姐！精神療養院可不是讓妳說來就來，說走就走的地方呀！」

吳小姐錯愕了，精神療養院！那不是外人戲稱的「瘋人院」嗎？專門安置精神病人的地方。吳小姐趕緊解釋：「我可不是個瘋子！」

胖女人說：「我知道呀！來這裡的人都會這麼說！」

吳小姐說：「但我真的不是瘋子！」

……

我只是來借個電話

這當然不是甘耀明女朋友發生的事，「吳琪仁」也並無其人。熟悉諾貝爾文學獎得主賈西亞．馬奎斯小說的人，便知道上述這個故事，是改編自他的短篇小說〈我只是來借個電話〉（附註三）。

為了導入這個故事，我前面的敘述，先以孩子們熟知的老師「甘耀明」，說故事的「李崇建」，兩人出版小說的歷程為引子，再以虛構的「吳琪仁」，準備導入馬奎斯的小說，但真正進入「馬奎斯的小說」，則是吳琪仁車子拋錨以後的敘述了。

即使文本的前半段，我隨性虛構「甘耀明」和「吳琪仁」的故事，準備以「爆料」的方式，告訴孩子們一個他們熟識老師的祕密，我都會在這一段「虛構」的敘述上，和孩子們進行互動，依舊可以在各個目標上發展敘事策略。

當故事進入「馬奎斯的小說」，文學性更濃厚了，可以發展的敘述策略的「關鍵點」，也就更多了。

除了上述的討論，透過這個小說，最常出現的討論是：

如果你是吳小姐，當大家都認為你是一位「精神病人」，你該怎麼辦？吳小姐到底是不是精神病的患者？你如何證明？

你曾遭遇過被誤解的事件嗎？你怎麼面對的？心情如何？

這裡必須提出來說明的是，我為創意作文提出三種說故事的目標：「敘事」、「哲學」、「生命教育」，三種目標經常會在一段問答過程中交錯出現，但並不限定文本有一定的討論提問，我反而很排斥既定的「討論範本」，更厭惡所謂的「標準答案」，那等於局限了教師與學生的思考。

文本的討論過程，我僅對問話的方式，建議以「開放」、「好奇」、「正向」的導向操作，意即前述「正向好奇」的引導模式。

另外，說故事的方式，也不局限於一種模式，每位教師應該發展自己的特長，發展屬於自己的說故事方式。如果在兒童作文課，每節課都有一個故事可以聆聽、參與發展敘事，都可以深入文學名著，孩子對作文課將不再覺得乏味。

附註

一、

「正向的好奇」是我從懷特的敘事治療，以及心理諮商學派satir模式中學習，發展而來，放在教育領域、作文課程、文學課程的使用效果相當特別，尤其對於過動（AD/HD）或妥瑞症（Tourette）的孩子，更具有特別的成效。

二〇一〇年六月，我到香港參加「Satir World Conference二〇一〇」，呈現關於satir模式融入「作文領域」與「文學領域」的使用，會議中報告的一部分就是「正向的好奇」，我將satir模式中與此相關的信念羅列如下，供有心人參考，信念看似繁多，但是在創意作文的故事互動中，僅僅需要幾個簡單的練習就可以達到很好的效果：

*把重點放在健康及正向積極的部分，而非病理負面的部分。
*即使外在的改變有限，內心的改變仍是可能的。
*問題不是問題，如何應對問題才是問題。
*人性本善，人們需要找尋自己的寶藏，以便連結並確認其自我價值。
*一個人的自我價值越高，應對的方式就越統整。
*自由的看和聽，來代替應該如何看、如何聽。
*自由的說出所感和所想，來代替應該如何說。
*將負面陳述轉移成正向的目標。

二、

在和孩子討論的過程中，「生命教育」的目標，我都以satir模式提供的冰山理論來操作，在各個層次來回問答，並以「正向的好奇」為問話的策略，在此將冰山羅列於後，供有心人探索：

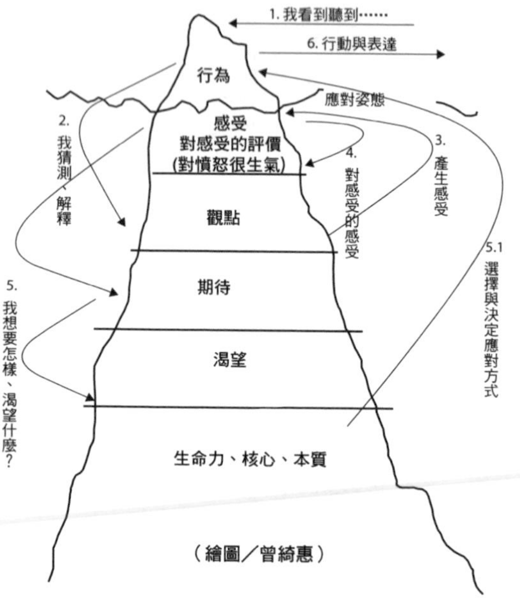

（繪圖／曾綺惠）

三、

這一篇小說，收錄在《異鄉客》（時報出版社），是由十二篇短篇小說所組成的小說集。大意是說：小說的主角瑪麗亞的汽車在沙漠的公路拋錨了，她想打電話給先生撒坦諾，告訴他，她會晚點到。但是呼嘯而過的車輛，沒有一部願意停下來，好不容易有一輛巴士願意載她，但那是一輛開往精神病院的巴士，瑪麗亞被丟瘋人院裡，被當成精神病患對待。

故事的影響力

在此重新統整上一篇故事，以賈西亞・馬奎斯的小說〈我只是來借個電話〉為例，條列說明故事在作文課中承載的功能，以及發展兒童作文的策略。

發展孩子的敘事能力與想像力

透過孩子對故事的參與及述說，藉由教師的穿針引線，讓孩子從聽故事的人，成為說故事的人，並且意識到自己有敘事的能力，進而落實在書寫之中。教師對於孩子的敘事創意，不要予以質疑，在天馬行空的想法中，給予正向的好奇，讓孩子們的敘事邏輯得以呈現，開發他們的想像力。

〈我只是來借個電話〉故事中，當吳琪仁攔車，會發生什麼樣的事件？孩子就能講出十幾個不同的答案，他們對故事感到興趣，也對故事未來的猜測有興趣，此時他們已經成為故事的創作者。教師不要以一個問話，學生答話，就予以結束，而是要貼著孩子的敘事，來回幾個問答，深化他們的敘事，並鼓勵他們可以寫出來。

發展孩子的思考能力

在討論時，教師應著重討論的過程，並非有一個最終的結論，而是要引發孩子們參與討論的過程。教師在課堂上，不是一個權威，也不是提供知識的角色，只要在討論的過程中，指出矛盾，並且以「正向好奇」的方式，引發孩子的思考。

被送進瘋人院的吳琪仁，是否為瘋子？他們怎麼判斷一個人是瘋子與否？他們如何面對進入精神病院的處境？怎麼想辦法逃出去？如何讓身邊的人相信自己沒有精神病？都是很棒的討論議題，事實上，在故事的開展過程中，處處都是值得討論的點。

從故事中連結孩子的生命經驗

故事中的情節，不一定是孩子曾經歷的，但相同的感受與相似的事件，可能存在孩子的生命與生活中。比如孩子們也許曾遭受誤解，被誤以為是小偷，被誤會有某種意圖，是什麼樣的事件呢？當孩子們敘說發展在自我生命的事件，他們如何面對？如何思索，有何種感受？

當吳琪仁遭遇到生命中的困境，車子拋錨，被誤以為精神病！孩子們是否也曾在生命中，有遭逢困境的處境？他們是如何面對？是否有無助的感受？或者憤怒與哀傷？

他們如何看待這個事件，這個世界？教師若以一個更寬大的眼光，去溫暖與讚賞孩子，便會開啟他們另一種正向的生命經驗，藉由故事讓孩子的生命更豐富。若是據此發展在作文上頭，他們的作文也會更深刻。

聆聽者對文字的敏銳度

以故事為主體內涵的作文課程，因為聆聽者對故事的內容感到興趣，對描述性的文字也就多了注意。當教師講述故事的同時，懂得將優美的文字適時放入故事中，聽眾也就會感染了文字的美。一旦孩子在故事之後，落實寫作文的過程，教師將會發現文字感染的力量。

在〈我只是來借個電話〉的故事中，眼尖的讀者可以發現處處都有這些文字存在，比如下列這一段：吳小姐打定主意，不久便聽見黑夜中「噗突」、「噗突」的引擎聲傳了過來，彷彿希望的鳥兒再次飛翔。吳小姐朝山谷望去良久，她終於看見兩道光束，切開黑夜的帷幕，從山下盤旋而上，那是一台九人座的箱型車。

各個年齡層的孩子講述故事，各有不同的主軸，在後續會提到。以文字而言，當孩子處於高年級，乃至於青少年，對文學性的美已經開始有了覺察，教師則可以從故事中跳出來，告訴孩子們，此處運用了什麼樣的文學方法，增加文學性。比如在這一個故事中，我運用了誇飾、擬人、擬物、轉化、摹寫、映襯、象徵、排比等修辭法在其中。教師可以適時跳出故事，告訴學生修辭法則的運用，但不宜影響故事的節奏進行。

在現今孩子作文口語化充斥的年代，教師的故事正以文學性的口語影響孩子們。

豐富的文學性

很多教師認為，孩子的閱讀是寫好作文的條件。但是很多孩子不閱讀，或者閱讀非文學性的作品，該怎麼辦？

對不常閱讀課外讀物的孩子而言，上課的故事正足以豐富他們的閱讀。若是課堂上，不定期以經典文學名著拉出寫作主題，孩子們無形中填補了不閱讀文學作品的缺憾。而且，在上課的過程中，教師還帶入了集體討論的形式，讓孩子對文學作品有更多深刻的互動。

二〇一〇年初，台灣上映李奧納多主演的電影《隔離島》（*Shutter Island*）原著劇本為丹尼斯．勒翰（Dennis Lehane））的推理小說。聽過我講述〈我只是來借個電話〉的孩子，在觀賞這部電影之後告訴我，電影開始沒多久，她就想起了賈西亞．馬奎斯的這篇小說，而為之顫抖，並且預言這部片中的主角李奧納多就是瘋人院的一分子。

孩子在觀賞電影時，都能聯想到這部作品，身為教師便會了解故事、討論、寫作的影響力有多大了。

讓孩子連結閱讀

在課堂上講述故事，經常會發生的課後現象，就是孩子們的借閱率提高了。比如我常在課堂講述故事，孩子最常問我樓下的閱覽室有沒有這一本書？有時候我為孩子們準備了多本故事書，也都被借閱一空，孩子們嚷著要我多買幾本書。

尤其是我將故事講一半，重要的部分沒有講完，大多數的孩子更是爭先恐後想要借閱，得知結局。這也是從口語故事，連結到閱讀的一個方法。

當然，在課堂講述故事，要連結閱讀時，尚須注意是否適合孩子閱讀？比如〈我只是來借個電話〉適合的是中學生以上的孩子，而不是小學生，以免孩子們對文本產生困難閱讀的情形。

孩子對故事的印象

孩子對故事留下的印象，經常出乎大人意料。大部分孩子在七歲時聽我講述我改編的童話，到了十一歲還記憶深刻，能將故事的細節娓娓道來。

比如我曾在七歲的班級，講述一隻鬥雞「雞王」的故事，這隻鬥雞不僅成為我家雞群的守護神，更成為我外公的生活與心靈伴侶。在虛實交錯的故事中，很多孩子動容，感動的紅了眼眶。這個故事講述完後，我已經忘記大部分的劇情。但是當這群孩子十一歲的時候，我碰巧講起年幼家中養的雞、鴨，多個孩子竟然脫口而出「雞王」。而我已經忘卻了這個名詞，忘了這個故事，孩子們接力似的你一言，我一語，將當年我講的故事重新敘說出來。

同樣的故事，當我注入了不同的語言，不同的故事策略，面對不同年齡層，故事的影響力仍然強大。上述「雞王」的故事，我曾在明道文教基金會的電影營隊、曉明女中寫作課、靜宜大學教師寫作研習說過，聽眾每每聽到幽默處哄堂大笑，聽到關鍵處屏氣凝神。聽到悲傷處當場落淚，可見故事的影響力。

虛構與真實

我經常講的故事，大部分屬於各年齡層的童書，在經典文學中，除了賈西亞・馬奎斯的數個小說，還有福克納、霍桑、余華、黃春明、蘇童、莫泊桑、契訶夫、夏目漱石、萬城目學、琦君、汪曾祺。我在講述故事的時候，常明白告訴孩子們，我要說一個某某作家的文章，但更經常使用的方式，是像〈我只是來借個電話〉一樣，以真實的人物帶入一個虛構的故事中。

講完故事之後，我亮出底牌，這是某某作家寫的故事，最常聽見孩子們大叫「騙人」！也常讓我和孩子們討論「虛構」與「真實」之間，對他們的影響，對文學性的影響。

二〇〇九年，網路票選美國的新聞事件，出現了這樣一則二〇〇九年最離奇的新聞事件，事實上，這件事發生時，便在電視上引為笑談：

> 美國的BULAWAYO精神病院的巴士司機在一個非法酒吧停車喝酒後，發現巴士上的二十名精神病患者全部逃跑了。由於害怕他的粗心大意受到懲罰，這個司機把車開到了附近的一個公共汽車站，告訴等車的人可以免費搭乘。
>
> 他把這些乘客送到了BULAWAYO精神病院，並且告訴醫院工作人員，這些「病人」非常容易激動，而且「胡言亂語充滿幻覺」。

巴士司機的詭計三天後才被識破。

在創作領域中，虛構與真實的區別，不言可喻。

講故事的方法

教師要如何講述一個故事？並沒有特別的限定，只要教師在故事的進行中，懂得運用「正向好奇」的問話方式，去發展上述孩子的各種目標，就已經很成功了。

一般而言，講故事者要有自信，建立自己的風格。因此有的教師說故事，很有戲劇性，有的教師說故事搭配音樂，有的教師抑揚頓挫富於節奏，只要能和學生互動，都能發展出很棒的說故事方法。

我曾遇過一個教師，說自己不會講故事，但想要嘗試。講故事當天，拿著故事筆記照著唸，並且身子還微微發抖，想不到這位教師聲音好聽，富於節奏與音韻的美感，一篇王爾德的〈夜鶯與玫瑰〉講下來，十幾個四年級的孩子們如痴如醉，紛紛給她九十九點九分的評價。

因此教師在說故事時，最好發展個人風格，大膽嘗試。如此一來，只要從孩子們的作文去檢視，你就能發現故事的影響力有多大了。

創意作文提升書寫力

當故事講完了，就請孩子們即興寫一篇文章。

很多老師很疑惑的問我：「孩子們這樣就會寫作了嗎？」

是的，孩子們這樣就會寫作了。如果孩子們不會寫，就請他們不要寫太好，寫「爛」一點，寫一篇「爛文章」，目的是解放他們的書寫能力。

創意作文的上課方式

要以故事進行作文教學，該如何進行一堂課程呢？

假設一堂兩個小時的課程，我會安排五十分鐘至一個小時的時間，讓孩子寫作文，其餘時間拿來討論與進行故事。

除了要顧及學生的年齡層，設定故事的內容與目標，依照孩子的心智年齡分級，這部分會在後面提及。一般而言，課程的操作程序簡述如下：

以我在三年級規劃的作文主題「颱風」為例：

我通常會問孩子們對颱風的印象：是否親身經歷過颱風？那是什麼樣的狀況？他們在颱風來臨時，發生了什麼事情，是他們最記憶深刻的？颱風有什麼驚人的畫面？是在哪兒看到的呢？是透過窗子？還是在車子裡面？

其次問他們從人們口中、電視中認識的颱風，比如孩子常說：爺爺說八七水災多可怕；電視說莫拉克風災多可怕；不用上學多開心；颱風帶來涼爽氣候有多舒服；颱風帶來雨量解乾旱……。

上述討論，我大約會進行十至十五分鐘，也就是從孩子們的生活經驗切入，去討論這個題材。

接著，我會進入一段敘事，這一段敘事，若以這個生活化的題材為例，我會以自己童年時期對颱風的印象切入。隨著敘事開展颱風的主題時，因為孩子們處於三年級，我可能會帶入童書中的奇幻元素，比如颱風是一個哥哥，脾氣古怪，每次來造訪台灣，都會帶來強風豪雨。並在這個故事中，和孩子們互動，發展孩子們的敘事能力與想像力。

當故事講完了，就請孩子們即興寫一篇文章。

很多老師很疑惑的問我：「孩子們這樣就會寫作了嗎？」

是的，孩子們這樣就會寫作了。如果孩子們不會寫，就請他們不要寫太好，寫「爛」一點，寫一篇「爛文章」，目的是解放他們的書寫能力。

但教師必須明白，寫「爛文章」是一個手段，並不是一個目的，我們只是要通過這個手段，讓孩子們解放敘事能力。因此，當教師邀請孩子寫爛文章，絕對不要在收回孩子文章的時候，批評他們寫得有多糟糕！通常我會邀請一個寫不出作文的孩子，在前三次都寫爛文章。

在本書後續你將會看到孩子寫的文章有多爛，他們後來發展的文章有多出色，故事和孩子的作文之間，會有什麼樣的影響？

在我的經驗裡面，我教過作文的孩子們超過一千人，還沒有遇過寫不出作文的孩子。若是孩子們勇敢的寫爛文章，在故事作文的脈絡下，大部分的孩子，遲早寫出令你眼睛為之一亮的作文。

在本書中，你可以看到大量孩子呈現的文章，並思索這些孩子是怎麼變成這樣的？當我看到孩子們的作文，呈現大規模的成長時，我心裡面最初是驚異非常，現在則認為理所當然。

對創意作文的疑問

一般人還未聽到我陳述當今作文教育的困境，乍聽我在推廣創意作文中的課堂討論與故事書寫時，反應通常呈現兩極化。其中一部分人們相當歡迎，認為書寫就應該回歸到最原始的面貌；另一部分的人則是抱著懷疑的態度，大多是針對基測考試是否能適應，以及過去的作文意識型態而來。

此處，我列出三項最多人關切的疑問，予以回應，讓有同樣疑問的讀者一同思索這些問題。

怎麼可以讓孩子寫「假」的東西？

國小至國中的學生，如果寫出一個非真實經驗的故事，我常聽見老師退回孩子的作品，被冠上「不誠實」、「瞎掰」等字眼，這個現象在國小尤其嚴重。尤有甚者，一位在坊間作文班任教的朋友，每回要將孩子的選文刊登時，作文班老闆必定詢問，這文章寫的是不是真的？內容若非真實，肯定退件，並且將孩子喚來訓斥一頓，以道德內涵，規訓兒童作文不得虛構。

這是為何我在本書前面，將「作文」定義澄清的原因，我認為作文是在「創作一篇文章」。在文字創作的領域中，除了報導文學、傳記文學嚴格要求紀實、寫真之外，其他文類如童話、兒童故事、小說、散文、新詩、神話都未絕對要求「事件真實」。在兒童作文乃至國中階段，發展抽象思維、文字描述、擴大感官能力的時候，更不宜將書寫聚焦於紀實內容的發展。

孩子在寫作的時候，思索的是創造的問題，而非真假的問題。

指稱孩子寫非紀實文章是在「作假」的人，請問，孩子們閱讀的童話、寓言、小說是否也有讀「假」的問題？若是讀「假」的，為何不會有道德的問題？而書寫就有？

再往下推論一步，若孩子們不能書寫生命經驗沒有的事件，他們是否不要寫作文？他們的抽象思維該如何發展？他們將如何面對生命經驗的局限？那麼，國中基測的作文考試，是否應該全面檢討，因為考試的制度，容易造成孩子造假。九十八年一次國中基測作文命題：「常常，我想起那雙手」，試問，每個人腦海裡真的常常想起那雙手嗎？如果腦海裡沒有常常想起一雙手，是不是要在作文基測上寫：「因為我沒有想起一雙手，所以寫不出作文！」

如果沒有常想起一雙手，我肯定百分之九十九的考生，會編想一個故事，融入自己的生命經驗，交出一篇作文。除此之外，其他基測題目，都有相同的情況，比如：「我曾經那樣追尋」、「當一天老師」、「可貴的合作經驗」、「那一次，我自己作決定」都有可能類似的情況發生，孩子若想不出追尋過什麼，孩子沒當過老師，孩子想不出合作的經驗，想不出曾經自己做過決定，他們是否要寫作文？大學聯考亦然，比如孩子從來都沒經歷逆境，但作文要書寫「逆境」，誰能肯定學生不是自己創造出「逆境」？

我並不是鼓勵孩童寫「不真」的作文，而是表明以紀實的「真」、「假」去區別作文的「真」與「假」，是非常荒謬的事情。

文學的「真」，就是藝術的「真」，和事實的「真」是兩件事。

有一次，剛來寫作的瀞雅拿了一篇作文詢問我，有一篇「文章」不知該如何續寫下去？

我還沒看文章，請她大膽寫，她卻搖搖頭表示不知如何下筆？

我看她的半成品，覺得有趣，便打字存檔，她的題目是「浪漫愛河」：

燈光閃閃的愛河，有如巴黎香榭大道；一顆顆的金色燈泡，有如金葡萄垂掛著；一顆顆藍色燈泡，有如閃爍著光芒的寶石。我沿著這些燈光，彷彿墜入了這美麗的城市……

小孩，個個都在燈光下嬉耍，笑得潔白的牙齒都露出來了；情侶，手牽著手，在愛河的祝福下，他們更加甜蜜，頭靠著頭，一股傻勁的自拍，也不管旁人奇異的目光；拿著號碼牌的人，每個都引頸而望，等待著遊愛河的「愛之船」，也不管工作人員已經用播報器說：「請大家先離開，在等船的尚有八百多人，請先離開。」仍然大排長龍；席地而坐的小販，辛苦的吆喝著，賺取微薄的收入。

我隨便給了她建議，怎麼寫都可以呀！比如寫有人在愛河溺水，小販回頭一看，發現自己的孩子不見了，焦急的圍過去救人。等到孩子被救起來，發現不是自己的孩子，自己的孩子才剛玩耍歸來……。

或者寫愛河邊的人物即景，也許有情侶？有親子？發生了感人的事件……。

但澼雅靦腆的告訴我，那不是真的，不能寫。

我邀請她只是想像、創造，和真假無關。

但她只顧著搖搖頭。

我反問她：「什麼是真的？」

她不知道該如何回答。

我問她，妳文章中寫：「燈光閃閃的愛河，有如巴黎香榭大道。妳真覺得愛河美如巴黎香榭大道？」

她搖搖頭說：「其實我覺得愛河並沒有那麼美。」

我再問她：「妳真覺得一顆顆的金色燈泡，有如金葡萄垂掛著；一顆顆藍色燈泡，有如閃爍著光芒的寶石？」

她回答：「怎麼可能？一點也不是呀！」

我再問：「真的產生如下的感覺：沿著這些燈光，彷彿墜入了這美麗的城市……？」、「妳真的看到小孩笑得潔白的牙齒都露出來了？」

灝雅笑著搖搖頭說：「那是編的啦！」

「是呀！那為何這些假的可以寫？我說的那樣的創造不能寫呢？」我反問。

事實上，灝雅的問題，是目前學生普遍發生的問題。他們面對真實的世界，真實的經驗，真實的環境，並沒有那麼多感官被開發，沒有那些感受，卻硬要對著這些真實的景物，描述虛假的感覺。作文因此成為痛苦的事，他們正在用力作假，卻未意識自己可以創造，這是現階段作文教學的悲哀，也從未認真面對的課題。

若是以故事寫作，如何應付學校的作文？

學校很多教師並非一成不變，也在現有的作文教學困境中，尋求更寬闊、更適合時代的作文教育方式。我經常參加國小教師研習，和教師討論作文教學的方式，教師的觀念很願意改變，也有的教師打破了制式作文的寫作模式。

國內很多教師，都熟知成長文教基金會出版的《孩子說的故事》、《幻想的文法》，並組成讀書會討論。兩本書裡的寫作觀念與落實方法，都比我提出的故事創意作文還要自由、不拘束，教師都願意學習。

因此，我認為教師很願意學習與改變，只要在觀念上和教師辯證，有很高的比例願意改變作文命題和批閱的方式。

若是教師執意遵照舊有形式，教導與看待學生作文，該怎麼辦呢？

首先，以故事創意作文寫作的孩子，書寫較為自由，呈現較為活潑深刻，絕大多數比例面對舊式作文格局，會自動轉換書寫方式，文章仍舊精采。少部分原本書寫不出來的孩子，在故事創意作文得到很好的滋養之後，回到舊式教學文化中，會再度被打回原形，或者教師不接受故事創意作文的呈現。這時必須告訴孩子，兩種美學觀之間的異同，首先教導孩子面對舊式作文時，仍是大膽寫作，其次告訴孩子，仍能夠在生活題材中創造故事。

我肯定學生從故事創意作文的練習，能夠回應主流價值的要求，從每一年學習創意作文的孩子，大量代表學校參賽、獲得全台作文前茅名次以及基測分數，我可以得到如此結論。

當孩子文筆逐漸成熟，可從故事作文中轉換之際，邀請孩子減少對話（有的孩子對話較多）、以第一人稱書寫、再進一步以第一人稱寫出符合自己生命會發生的事件，則可看出學生的書寫會有長足的進步。

教師怎麼準備那麼多故事呢？

很多人提到這樣的教學法，有不知如何準備起的疑問。以故事與討論為主的課堂，教師必須準備故事，需要多閱讀文學書，才能將故事與文學傳達給學生。此舉讓教授作文的教師，有了寬闊且準確的方向，教師也真實接觸故事、親近文學，較之背誦與講解套裝文字技巧，還要有趣多了。

但是教師如何準備故事呢？初期教學的作文教師，不妨依照學生的年齡，閱讀坊間的繪本、故事、文學主題，再還原成主題講述，比如繪本《床底下的怪物》、《躲貓貓大王》、《你有看到老鼠嗎？》、《翹翹板》，都可以直接以此為題，讓二、三年級學生寫作，不僅題材有想像力，也貼近生活想像。比如《鏡花緣》、《逆流河》、《格列佛遊記》、《航海王》可以當作是幻想冒險題材，四年級的學生便很適合。比如安房直子、林良、林海音、琦君的故事，都可以拿來當成五、六年級的主題。國中以上則有蘇童、余華、黃春明、梁實秋、胡適、鄭清文、白先勇、徐國能、甘耀明等各家作品，可以找出作品中的主題，和故事相輝映。

我常建議教師們，可以蒐集故事與主題，建立一個作文故事資料庫，彼此觀摩，彼此分享故事，這樣一來教學輕鬆了，也有趣多了。

作文教學的思考與實踐

當我探索兒童作文的教學策略時，多本啟發兒童故事、兒童創作、兒童哲學的書籍對我啟發甚多，影響最大的包括《哲學教室》、《孩子說的故事》、《幻想的文法》、《童書中的神奇魔力》。

將兒童作文拓展至青少年作文領域，下列書籍影響我甚大：《心靈寫作》、《自由寫手的故事》、《薩提爾的家族治療模式》，以及存在主義心理學家羅洛·梅的多本著作。此外，還包括作家的傳記，如賈西亞·馬奎斯、大江健三郎、愛德華·薩依德。

除此之外，作家會在各種文字訪談中，記載作家童年時期如何發展寫作歷程，如張大春、宮崎駿、萬城目學，和我同輩的寫作朋友們。於是我捨棄了一般坊間以導向文字邏輯、訓練字詞、背誦修辭為主的教學方法，轉而以故事、文學作品為包覆，發展故事與討論的創意作文教學。

很多人在現場觀看我的作文教學，並檢視孩子的作文之後，訝異孩子的文字與創作能力強大，不敢相信在未教導修辭、結構之下，竟然能寫出美好的文章！

事實上，我覺得一點兒都不意外。試想，當孩子敢於書寫了，敢於在文字的領域中翱翔了，又有包含優美語言、奇幻想像、完整結構、思考啟發的經典文學故事，在課堂提供孩子們討論與聆聽，他們的作文怎麼會寫不好呢？

我開始投入兒童作文教學的頭一年，詩人嚴忠政來訪，順手拿起一本四年級孩子謝騏安的作文，驚訝的說，這孩子寫的作文可以出書了，怎麼會寫出這樣驚人的文章？我回答這個孩子原本抗拒寫作，而且寫不出文章，來上課將近十堂課，文章越寫越好。嚴忠政搖頭說，不可能，這孩子的作文一定本來就很好，這是經驗之談。當年我為孩子這篇作文做了片段打字，僅擷取我覺得最棒的一部分文字，供讀者觀察課堂故事和學生作文之間的關係。

故事和作文之間

那一堂課的作文主題是「下雨的時候」。我和學生互動了對雨的印象、對雨的感受、在雨中的經驗，以及各種雨的姿態之後，隨後我講了一個關於雨和流浪的故事，以下是故事的片段，我認為和孩子作文呈現有關的部分：

我和學生小郭去台中流浪，搭最後一班夜車從台北出發，抵達台中站的時候，已經將近午夜了。我背著軍用大背包，腳穿軍靴一樣的登山鞋，感覺自己身在異鄉。還沒有展開流浪的旅程，就被雨阻止了行程。夜裡大雨滂沱，瀰天蓋地而來，從遙遠的城市邊界蔓延至眼前，我們被雨困住了。小郭此時拿出雨衣穿上，對我笑一笑，便步入雨中，我目睹滂沱大雨打在他身上，顯得如此無情，但小郭始終沒有回頭，在雨中漸行漸遠，逐漸被大雨吞噬。

這是什麼樣的雨夜呀？我竟然沒有帶雨衣？任由大雨在我眼前肆虐，淋濕眼前的景物，淋濕我的衣襟，也淋濕我的心靈。此時，車站傳來晚安曲：「讓我們互道一聲晚安……」費玉清柔美的聲音，讓我突然想念溫暖的家，對比眼前雨落不停的夜晚，我感到無比孤寂。與此同時，有一隻手搭在我的肩膀，我轉頭一看，赫然發現一個披頭散髮的流浪漢，咧開大嘴朝我笑，露出三顆黃板牙。我嚇壞了，拔腿奔入狂烈的大雨之中，任由大雨拍打著我的身體……。

上述是我課堂故事的開頭，接著進入一段雨夜流浪。我說故事的策略，是口述的語言盡量有畫面，文字描述細膩一點兒，讓他們在故事中感染文學性。

孩子寫的作文片段如下：

……軍人小王，留下了一封遺書：「親愛的家人，我知道這次的戰爭，都是因為我們引起的。現在下著綿綿的細雨，我們在街道上發現了一台鋼琴。每個士兵走過都摸了一下琴鍵，但我的右手已經少了三根小指。有一個士兵停下來，彈著貝多芬的曲子，一百多個士兵都停了下來，靠在一面快倒的牆上。現在的雨帶著憂愁，我覺得這世界最該消失的，就是戰爭吧！再見了家人，我希望還有機會與你們相遇……。」（〈雨的遺書〉——謝騏安）

這孩子為何會寫到軍人呢？我猜可能是故事中，我腳穿軍靴般的鞋子；為何右手會少了三根手指呢？可能故事中的我，遇到露出三顆黃板牙的流浪漢；為何寫貝多芬的曲子呢？應該和費玉清的晚安曲有關；文字中寫到想念家人，和我的故事裡透露的訊息差不多了。

一個不會寫作、對寫作沒有信心的孩子，剛進入以故事與討論為主的作文課，有可能呈現複製教師故事的現象。教師對此現象，不必擔心，只要從學生的文字中，找尋正向的文字表述，數堂課以後，教師故事的影響力，常會在他們的文字中轉化，融入孩子自己的創造，比如謝騏安〈雨的遺書〉，已經看得出他自己的創作，雖仍看見故事的影響力。

在所有寫到雨和戰爭有關的孩子中，下面這篇四年級吳淳汝所寫的〈雨還繼續下著〉，語言就更成熟，從故事中轉化出自己的想像與語言就更多了。值得注意的是，雨的主題轉往更抽象的象徵發展。更有意思的是，她嘗試了如雨、如詩般的語言節奏，大膽使用短短的斷句，使用兩個字、三個字一組的詞彙呈現。

有一天，我在春天的綿綿細雨中，全身淋著雨；哭泣，只見我的家，整個國家，破裂。

我在屋頂歪掉、磚牆倒了的春天流下一滴滴的淚，遠遠的，一台台的戰車從我眼前開走，耳邊也傳來一陣陣的廝殺聲和大砲的聲響。

我好害怕、好膽小、好寂寞。肚子好餓，好冷。

正當我在寒冷的雨中時，只見一盞盞朦朧的燈朝著我這邊走來。是敵方的人，我一害怕，就鑽進了一棟破舊的屋子裡，我像隻膽怯的小老鼠，一見人就馬上逃走。那些人都不見了，我才醒來。

突然有位阿兵哥走來，好像是我方的，他在廢墟的房屋裡翻來翻去，他一找到我，就馬上把我從生鏽的鋼鐵裡拉了出來，一聲不響把我背了起來，我一開始好累，就在他背上睡著了。走到一半，我醒來了，我看見我躺在一棟用茅草蓋起來的小房子，我看見他正在煮東西，這讓我感覺好孤單，好想家人……。

這時，雨還繼續下著，但我的心漸漸的暖起來了。

然而無論是謝騏安或者吳淳汝，他們都並未被教導該如何寫作文，但他們

作文呈現出來的，雖然結構還不是很完整，主題也有待商榷，但是他們有了最基本的文字能力，個人文字也有了風格，對寫作也有興趣與信心，未來要請他們熟悉某種架構，不是相對容易嗎？因此我建議，若真要教導過去套裝格式的作文教學，最好是國中三年級才開始，不要在學生最有創造性的年紀，在還沒有長出文字的血肉，感官能力還未擴展完全的狀況下，壓縮了他們的寫作力。

謝騏安升上五年級之後，跑來告訴我，他被老師選中，即將代表全班參加作文比賽，心中忐忑不安，他從沒想過有一天會去參賽。後來他雖然參賽落榜，但對他無疑是一個重要的訊息，對寫作比較有信心了。

作文教學的思考

一般作文教學分成記敘文、議論文、抒情文等文類，從最低年級的字詞訓練開始，循序漸進至段落結構、修辭練習。以我的觀點，孩子只要擁有書寫的能力、說故事的能力、思考的能力，即使不懂文類，什麼樣的題材都能稍加練習，稍加討論，便能以文字表述清楚，何必憂懼他們不懂如何下筆、不懂如何掌握主題？

我曾在體制外中學（十至十八歲）任教文學課。每週上作文課，我僅發下稿紙，請他們隨意揮灑。有一次遠見雜誌記者李思萱來訪，當時的來意是介紹體制外教育。她看到小四學生鍾之芃一篇四千字的文章，修辭優美，文筆動人，便詢問我如何教寫作？我答以什麼都沒教，記者大概不信，轉而詢問孩子，孩子也回答好像什麼都沒有教，因為課堂除了故事與討論，其餘什麼都沒有了。記者以為之芃作文本來就好，轉而就請教母親，母親拿出以前在體制學校寫的作文，內容幾乎是流水帳式的呈現，母親也不知道孩子轉變的原因為何？

這所六十人左右的學校，學生文字展現驚人，有十六歲獲得成人文學獎，也有孩子得過X19全球華人詩獎，還曾與鄰近大學校聯合徵文，得獎人數也比鄰校多。

當時我從未思考作文該如何教、從未教導孩子套裝的寫作格式，也沒有練習修辭、句型與講述結構。我只是讓孩子親近故事與閱讀，並覺得體制外學校的環境開闊，孩子與自然親近，文學呈現一定敏銳而豐富，何況我所有寫作的朋友們，沒有人是經由修辭、句型與結構練習，訓練成為作家。

當我開始專職教作文，有意識的在各個年齡層以不同的文本、不同的內涵為主軸，涵養出來的學生，作文表現更為驚人。不僅大量的孩子從寫不出來到書寫順暢（附註一），更多孩子的作文表現令人讚嘆（附註二）。尤其當孩子從開闊的題材，回歸平實的題材時，文字的敏銳度增加了，感受力也寬闊不少。

在以文學故事和討論為主的作文授課中，我發現孩子的創作意識與文字思索，依年齡有階段性的差異，因此我將兒童作文的教學內涵概分為三階段：第一階段以發展想像力，解放書寫能力為主軸，對象是七至九歲的學生，主題以奇幻故事為主，以生活小故事為輔，兩者可互相交融，發展孩子的文字書寫能力。第二階段則是九歲以上的學生，乃至成人的年紀，教師在故事中，有意識的加入文學性詞彙，並將口述故事文學化，發展書寫者描述內在世界、外在經驗世界的語言。這個階段的主題，可視年齡縮減奇幻內容，尤其是童話式的主題，不宜大量在十歲以上的學生身上出現，以免學生覺得幼稚，參與度降低。第三階段則是十歲以上，步入青少年乃至成人的年齡層，將主題的多元討論擴大，允許他們從不同觀點書寫文章，不至局限書寫思維。並大量以經典文學為主軸，讓學生親近文學，比如我經常以蘇童、莫言、李銳、余華、黃春明、林海音、瓦歷斯、汪曾祺、魯迅、賈西亞・馬奎斯、福克納、琦君、莫泊桑、契訶夫、甘耀明、徐國能、烏利茨卡婭、川端康成、芥川龍之介的文本為主題，發展文學化的口語表達，也以故事協會推展的「故事海報法」為討論方法，每一段期間便帶領孩子閱讀困難的文章。

我在帶國小階段的兒童作文時，大致依照上述三個階段發展。國中以上的學生，發展第二階段與第三階段的策略，但會融入貼近學生文化的「次文化」，比如電玩、流行音樂、漫畫、輕小說的元素，提煉有意義的觀點，或將之與經典文學融合，深化學習者的的寫作能力。

這個方法，在我帶領成人進行家族書寫的暖身或一般寫作課程時，都有相當成效。

附註

一、每年都會有家長帶著寫不出作文的學生，前來求助。我使用解放與故事的方式，學生通常一至三堂課就能書寫順利。甚至有學生到了國中，被判斷書寫障礙，無論教師如何引導，都寫不出文字，但在我這裡進行兩堂課之後，便能寫出一篇文章。

二、每年都有學生參賽得獎，從全班到全國的獎項，也有學生基測作文從低級分跳躍至高級分。但這一現象實無足掛齒，因為名次與成績不代表學生的寫作能力，在此提出，乃為了表示即使不用套裝架構的教學模式，以如此方法，也能回應主流價值的期待。

作文，
就是寫故事

Part2 實用教學

低年級：解放文字飛翔的想像力

七到九歲的孩子，很有想像力，但邏輯的能力還不足，因此書寫常呈現跳躍的現象。這時期的教師，常加強孩子的邏輯能力，要求孩子結構完整，忽略了發展孩子故事中的意義。因此孩子為了符合邏輯，想像力被打壓，文字的創造力會減弱，這時期的教師，如果願意包容跳躍的文字敍述，則大部分孩子的文章結構，在十歲就會有不一樣的表現。

包容尚未發展完全的邏輯能力

低年級（國小一至三年級）孩子的童言童語充滿想像力，但是邏輯能力還未完全發展，因此孩子的作文出現的狀況，是天馬行空的想像力，卻常發生邏輯不通的現象。

我在探索兒童作文的初期，閱讀某本著作寫下了筆記，但我在寫這篇文章時，還找不到是哪本教育書上摘錄的文字（我判斷應是上文所列書籍中的一本，但找不到出處）：七到九歲的孩子，很有想像力，但邏輯的能力還不足，因此書寫常呈現跳躍的現象。這時期的教師，常加強孩子的邏輯能力，要求孩子結構完整，忽略了發展孩子故事中的意義。因此孩子為了符合邏輯，想像力被打壓，文字的創造力會減弱，這時期的教師，如果願意包容跳躍的文字敘述，則大部分孩子的文章結構，在十歲就會有不一樣的表現。

教導低年級寫作的教師，看到這一段一定有感觸。這個階段的孩子，常常在文章前頭出現的主角是爸爸，後面變成媽媽了；前面的主角是弟弟，後面變成「我」為主詞了；敘述的事件，經常跳躍。教師對應這種狀況，常常教導孩子們第一段如何寫？第二段要寫什麼？結尾要怎麼做？以這樣的方式訓練孩子有完整的架構。

在孩子文字能力發展的初期，教師常將目光放在句子的完整性、文章的合理性。但是作文不只有敘述邏輯，還包括想像力、思考、描述現象的能力。我認為作文教學者，應該對剛使用文字的孩子的邏輯，予以包容，不宜短視眼前呈現的「好作文」、「完整作文」的表現，才不致壓抑孩子文字的全面發展。

但邏輯的部分怎麼辦呢？我上述摘錄的筆記，提出孩子到了十歲，就會在文章中擁有較完整的邏輯能力。我認為這個論點，是以第一語言寫作發展來判斷（通常是母語），孩子在慣用的語言環境中成長，每天都要使用語言聽話、說話、閱讀、寫字的狀況下，語言邏輯的發展，自然會慢慢成熟，這也是為什麼大部分文字工作者，不必接受訓練，就能寫出好文章，出版暢銷書的原因。若是一個人要使用第二語言（比如英語）寫作，教學策略上就不宜如此看待。

因此在幫助初學孩子的作文、句子邏輯上，我採取的方式，是在孩子完成作文之後，和孩子們討論，為何前面是爸爸？後面變成媽媽呢？孩子有時候會搔搔頭，說不知道。這時候我會告訴他，文章哪裡寫得好，下次寫的時候，多注意一些邏輯的合理性；有的孩子會向我解釋，因為爸爸出門了，只有媽媽在家，所以後面變成媽媽啊！原來是剪裁的部分出問題了，那就提醒他將剪裁的部分，試著表達出來。

孩子在九歲以前寫作文，還有非常多作文能力值得被看重，以下我就一篇以「牛」為主題的作文課，呈現上課的過程，以及二、三年級孩子書寫的表現，看孩子作文中值得被看重的特質。比較遺憾的是，四年前我為孩子做紀錄時，將孩子的作文打字，是批閱之後的文章，並非原貌（未保留孩子原始的錯字與標點），當時並未預期會將教學的過程呈現，如今我無法還原當時孩子的原始作文。由於我批閱作文，甚少更動他們的文字，批閱文章是幫孩子加上標點、斷句、更動錯字，因此下列作文，仍可看出二、三年級孩子作文的特質。

課程內容

上課時播放了一首與牛相關的歌曲，瓊・貝茲（Joan Baez）的〈Donna, Donna〉。請學生聆聽之後，透過教師的引導，發表感想。

歌詞的中文內容如下：

有一輛前往市場的牛車，有一隻眼神哀悽的小牛。
在牠的頭上有一隻燕子，輕盈的飛過天空。
風兒都在笑著，它們盡情的笑著。
笑啊！笑啊！笑了一整天，笑到仲夏的午夜。

多娜多娜多娜多娜。多娜多娜多娜多。

「別再抱怨了！」農夫說。

「誰叫你是一隻牛呢？誰叫你沒有一雙可以飛翔的翅膀，像燕子一樣既驕傲又自由。」

牛天生註定要被宰殺，從來沒人知道為什麼。

但又有誰會珍惜自由？像燕子得學會飛行一樣。

我課前查找資料，這首歌的原文是希伯來文，於一九四〇年左右音樂劇《Esterke》首演的一首歌，不知為何後來變得非常流行。美國小孩參加營隊、團康活動時，都會唱這首歌，將歌詞以輪唱表現。一般理解歌詞的意涵，除了字面上的呈現之外，這隻名為多娜的牛還有別的寓意，指二次世界大戰中，被俘虜的猶太人。但這一班是國小二、三年級的孩子，在他們上作文的第一堂課，以發展故事能力為主軸，因此這部分的寓意並未放在討論範圍。

課堂十四個孩子，看著歌詞，聽完這首動人的歌曲之後，有什麼感覺呢？

大部分的孩子都回答：「沒感覺。」

只有一位孩子說：「悲傷。」

怎麼會感覺悲傷呢？這個孩子也答不上來。

另外兩個孩子說：「好笑。」再深入詢問，他們回答隨便說的。

還有人說：「想睡覺」、「無聊」。

詢問他們答案背後的原因，通常不會有結果，但對話的目的，是透過他們的答案，請他們多感受與思考。

接下來，我問他們，看過牛嗎？十四個小朋友都舉手了。大部分看過乳牛，也有少數看過黃牛、水牛。有人在動物園看過犀牛，還有一位孩子在爺爺家的農田看過，其他孩子則是在牧場、卡通、電視裡看過。

我請他們描述牛的樣貌、顏色、印象，還有和牛相關的有趣的事。孩子生活經驗少，描述從概略的印象，到比較深刻的觀察，比如牛乳房、牛尾巴、牛眼睛、喝牛奶，也有一些書本中牧童和牛的情感。

在數分鐘的分享之後，課堂變得很活絡。這時候，我提供自己對牛的認識：

我童年住在鄉下，常看到牛糞沿途於鄉間道路，看到老農牽著牛返家，看著水牛洗澡，看過牛耕田。我談到牛糞的造型，描述牛糞不但不臭，還有一種親切的味道，因為牛是草食性動物！那對我而言，是一股濃厚的鄉土味道。農家還拿牛糞來當燃料、塗牆壁，據說還有拿來做紙。有的孩子，聽到我口述這些印象，也附和著在書本讀過這些知識。

孩子們聽我的述說，顯得驚奇連連，不敢相信。

接下來，我說了一個真實的故事：

小時候，我鄰居養了一頭耕田的水牛，水牛年紀比我還老。我常看水牛在田窪裡洗澡、玩水，看白鷺鷥棲息在牛背上啄蟲子，看鄰居阿海牽著老水牛回牛棚。我很羨慕阿海，有這麼好的朋友，有時，我們會拔牛草給水牛吃。

但是我國小二年級的暑假，我連續幾個晚上聽見牛棚發出嗚嗚的聲音。我跑到牛棚去看，只見水牛流著一大泡的眼淚，非常悲傷，眼神讓人憐憫，但我越撫摸牠，牠就哭得越傷心。

到底發生什麼事呢？原來，阿海家的水牛老了，阿海爸爸買了一頭新牛。老牛退休了，即將被送往屠宰場宰殺，這是窮困農家老牛的命運。但老牛預知死期，哭得太傷心了，阿海又去向爸爸求情……。

孩子聽到這個故事，有的憤怒，有的靜默，有的感覺到傷心……。許多童言童語，都閃爍著令人讚嘆的珍珠。

我還說了另一個真實的經驗：

我二十二歲那年夏天，在台南永康的農村幫農夫割稻，當割稻機將每袋六十台斤的稻穀封包，我必須將稻穀抬上牛車。拉牛車的是一隻可愛的黃牛，牛眼如銅鈴，流露純真的眼神。有人說「力大如牛」，我可見識到了，因為黃牛不僅拉著裝滿稻穀的牛車，還要拉著牛車上的我和農夫。

黃牛拉著車，才走了幾步，就氣喘吁吁了。難怪有人說「氣喘如牛」，牛的喘氣聲音真是驚人。

這時孩子們紛紛指著我說，「你好殘忍！」

我說：「這就是牛的命運呀！以前農家養牛，不就是為了工作嗎？」

接著，我提出一個問題，邀請孩子們思考：「馬車是用馬韁控制，但我坐的牛車只有牛軛，沒有韁繩，請問農夫如何讓牛知道，該左轉或右轉呢？」

這十四個小朋友第一次上課，提供的答案很拘謹，僅僅回答用牛軛控制。但牛軛是硬的，不像馬韁一拉就會有感覺，牛怎麼會知道呢？我邀請他們更大膽一點猜測，因為真實的答案很荒謬，比他們想得到的更荒謬、誇張，我不相信他們能猜得到。

孩子們這時開始大膽起來，提供的答案有踢肚子、踹屁股、用繩子綁腳、拉耳朵、拉尾巴、在牛頭掛一個可操縱的食物、心電感應、用說的、用鞭炮、用皮鞭打……。

他們不僅提供答案，有的孩子還到講台解說他們的想法。

當我頻頻說，答案更誇張的時候，他們參與的意願更高，並且要我不准先說答案。

但答案很難被猜中。

我親眼目睹農夫如何叫牛轉彎：

農夫坐在牛車上，將腳的大拇指插入牛的肛門，當農夫要牛左轉，便以大拇指往牛肛門左側摳一摳，牛就左轉了，腳拇指摳牛肛門的右邊，牛就右轉。這個荒謬的答案，完全是我親眼目睹，除了不可思議，也讓我見識到農夫與牛關係的親近，因為農夫的大拇指，沾滿黃黃的牛糞。

學生鬨堂大笑，有的孩子頻頻說不相信。

我知道別的牛可能不是這樣轉彎，但我親眼所見的一個事件，孩子們竟然不信，可見真實比虛構更荒謬，這也是為什麼，我們邀請孩子們更大膽的書寫，而非局限於狹隘生命經驗的主題。

在寫作之前，我們再度聆聽瓊・貝茲的〈Donna, Donna〉。這回聽完，幾乎所有的孩子都說，音樂很好聽，感覺有點難過。

我請他們可以寫我是一頭牛，或者以歌曲中的牛為主題，大膽書寫。

學生作文呈現

作者／張湘宜

我是一隻牛，一隻被送往市場的牛，我是隻可憐的牛。晚上我一直想、一直想，想著想著，哭出來了，很多小動物安慰我們會想念你的。

我是一隻牛，一隻被送往市場的牛，不要怕，不要怕，我爸爸媽媽已經被送往市場去了。沒關係，全部的牛都會被殺。

我是一隻牛，一隻被送往市場的牛。啊！我要被殺了，被帶去市場，「喀！喀！」的死掉了。哞哞！

作者／羅淯萱

我看到一隻牛，一隻被送往市場的牛。我在街上看見一隻小牛被殺了，我很傷心。我想要有一雙翅膀，可以自由自在的飛翔。

現在下雨了，雨滴在我身上，我覺得很冷。我想回家，可是回家會被殺。可是後來我覺得要回家。

作者／柴涵真

一、我是一隻牛

我是一隻可憐的牛，
因為我要被送去市場了。
為什麼我要被拿去賣？
為什麼我一定被強迫？

走著走著，我聽到一隻鳥在笑我，
為什麼我不可以跟小鳥在天空飛翔？
為什麼我生下來是一頭牛？
我可以不可以跟牛一樣美麗？
主人，我想要自由。

二、水牛的朋友

我的朋友是誰呢？
我的朋友有乳牛、犀牛。
啊！我的朋友還有農夫。
水牛，水牛我是你的好朋友嗎？

作者／李宗懋

我是一頭牛，我很孤單，沒有朋友，而且農夫很壞。有一天我老了，我就要被宰了，我在路上一直很緊張，很害怕。在路上有很多動物嘲笑我，我還遇到一隻也要被殺的牛，我的眼淚一顆顆的掉下來，好想趕快跑走，但是我已經被繩子綁住了。我看到旁邊的景物，我覺得世界上只有我自己，好想自由，像別的動物不受限制，我覺得農夫們真是殘忍，為什麼牛老了，就會被帶去市場殺掉？真是殘忍。我也看到很多老牛也要被殺，我看見藍天白雲，還有鳥自由的飛，我的生命結束，真是可憐，這牛真可憐，為農夫做這麼多事是為什麼？現在卻要被殺。其他的牛老了，也會跟我一樣被殺真是可憐，至少你要讓我自由的死吧！為什麼是不自由的死呢？為什麼我們不能像鳥兒自由的飛，農夫農夫你為什麼這麼無理殘忍，我的未來會怎樣？我的未來是一頭牛，也會老，也會被殺！難道我會永遠都當牛，老了也會被殺死，我好難過，我恨你我恨你，我不想被殺，拜託拜託可以讓我活，最後我終於被殺了。

作者／吳淳汝

好像這頭牛是我，我會感覺被強迫的，我也會很難過，感覺我老了正要被帶去宰，我不希望我被殺，我希望可以跟他說，但是我天生就是牛，我希望我可以逃走，但我不行，因為我天生就是牛啊！他牽著我，我的脖子被捆住時，我很難受，我要他鬆開，不希望他這樣捆住我，我希望能像燕子一樣自由，我好悲傷。

我不希望被留在街頭，也不希望被殺，鬆開繩子讓我自由的逃走吧！讓我走吧！燕子帶我走吧！我希望你能讓我自由的飛到美麗的天空吧！燕子啊燕子啊！鬆開繩子吧！讓我自由的死去吧！讓我自由的死去吧！帶著我飛到天堂吧！我希望能飛到我的未來，我希望能帶我去天堂看我的朋友，我好傷心，我好悲傷，讓我自由的死去，我的天空，我的家，我的媽媽、爸爸、弟弟、妹妹再見。

你好殘忍、你好殘忍，我再也不要看到你。我要像蝴蝶一樣的飛來飛去，我要飛到天堂去，我恨你，主人。你是牛的話，如果你老了我也要殺你。當時我好難過，我恨你，我會永遠記得你的，我不想被殺，主人，拜託拜託，我會愛你，可是我討厭你。

作者／余知芸

我是一隻牛，一隻被送往市場的牛，我很孤單又很害怕。我遇到一些也要被殺的牛，我希望上帝能保佑我，我遇到很多取笑我的人和動物。我好希望我是一隻美麗的燕子，能在天空自由飛翔。為什麼上帝這麼不公平，牛為什麼不能長翅膀？我好希望全部的動物和人類都能很自由活動。為什麼我是一隻牛，為什麼我沒有變身術？可以隨便要變成什麼就變成什麼？

如果我可以逃走的話，我會逃到很遠的地方，沒有人可以找到我，如果真的沒有人可以找到我的話，我會用我的電話打給我的家人和朋友，逃到他們身邊，過著幸福快樂的日子。

作者／杜亞韓

我是一隻牛，一隻被送往市場上的牛，而且是要被殺的牛，我看見有一隻年輕而且很聰明的牛。

農夫想了想，他說：我要把那隻老牛拿去市場殺了，再賣出去，那隻可憐的牛流下了眼淚，可是最後還是被農夫殺死了。快被殺死之前，牠想風為什麼可以自由自在？所以牠很羨慕。

最後牛就被殺死了。

作者／駱祺育

我是一隻可憐的牛，一隻被送往市場的牛，牠看到風在笑牠，風姊姊說因為你是牛。

牠看到雨哥哥對牠在哭，也不會改變命運。

作者／張閔喬

我是一隻牛，一隻孤單的牛，自由住在大街上，我看到一隻瘦瘦的老狗流浪在街頭。

牠看見燕子在空中飛翔，看見兔子在草地上蹦蹦跳跳，看見小魚在水裡游來游去。

我流浪在街頭，看見一隻肥肥的貓，牠說：「你是一隻瘦牛。」牛說：「又怎麼樣？」貓說：「你是一隻沒教養的老牛。」牛說：「你好壞喔！」他們一直爭吵。

作者／廖彬宏

我是一隻孤單的牛，我看到一隻瘦皮猴的猴子，在那邊跳來跳去的在跟自己的主人玩，可惜我這隻牛太肥了，所以跳不起來。

我希望變成一隻幽靈，可以自由自在的在天空玩。

農夫殺了我吧！沒關係，反正我已經老了。

反正我一個人很孤單。如果你每天陪我玩也沒關係。

希望你每天幫我買玩具就好。

作文觀察

我記錄了十個孩子的文章，家長告訴我，這些孩子以前很少寫作文，就算寫，也僅短短幾個字，他們很訝異，孩子寫了很多字。

但是孩子的作文，雖然呈現出跳躍的邏輯，有的文章和歌詞相彷彿。但值得注意的是，有的孩子從歌曲中感染了某種韻律，讓某些文字變得有味道；有的孩子呈現出來的想法，令人訝異，有的想法是屈從無奈的命運，有的要掙脫命運，還有更不同的想像在其中，讓人讀來有感覺。

我相信這樣文字的表述，在強調完整結構，完整句式的作文教學中，很難出現。然而，作文教師可以思考，孩子們生活在中文環境中，他們聆聽，他們閱讀，他們思索，他們書寫的都是中文，我們應該思考，為何擔心最不需要擔心的部分呢？

為生活化題材加添奇幻色彩

低年級的孩子，現實世界與想像世界尚未完全分開，大多數孩子還相信聖誕老人，以為世上有仙女，他們擁有最豐沛的想像力，對奇幻世界感到好奇。翻翻坊間為這個年齡層出版的童書，以童話、寓言故事占最大宗，兒童生活故事只占極少數。

低年級孩子的閱讀，擁有這麼多的想像素材，那麼我們的作文主題，為何不能給予他們想像力發揮的場域呢？有這麼多的童書閱讀輸入，也應給予這樣的書寫做輸出，去拓展書寫能力，開發描述想像的能力，藉由書寫從中學習比喻、修辭，不正是借力使力、練習寫作文最棒的途徑嗎？偏偏孩子們年齡小，生活經驗也少，教師給予的寫作主題，卻常常局限於真實的題材，孩子們的書寫意願肯定不高，內容當然大多貧瘠。

我在二、三年級作文安排的主題，通常具有奇幻色彩，比如：月亮不見了、透明人、影子、神豬、媽祖生氣了、神燈巨人、寫信給大野狼、卡通人物冒險……。讓孩子能盡情發揮想像，書寫變得有趣了，也能從故事中開發次級感官能力。

即便是生活性的題材，我有時也和奇幻連結，開發他們書寫的興趣與描述的能力。比如我安排一課三年級的主題為〈颱風〉，開頭先連結他們的生活經驗，詢問他們：有沒有遇上颱風，正好在戶外？被雨打、被狂風吹的感覺如何？颱風來時，有沒有在窗口觀察戶外的經驗？樹搖得如何？雨下得如何？有沒有遇到過淹大水的經驗？颱風過後，家裡有沒有被吹壞？街上的情況如何？路樹有沒有倒？到學校後，學校環境有沒有變得更髒？颱風都有名字，你記得哪些颱風的名字？

這些問話，為了喚醒他們的記憶，藉由討論拓展他們的經驗，俾便書寫時落實在文字中。這部分已在前文呈現。

接下來，我說了一個颱風的故事。孩子非常喜歡這個颱風故事，在課堂上互動不少，我都依照前面所言，發展寫作的說故事策略進行。我將上課所說的颱風故事，以文字表述出來，放在孩子的作文之後，供讀者和孩子的作文對照，但明顯可以看出來，故事中的語言，對孩子的作文影響力不大，但故事本身，對孩子有很強大的影響。

學生作文呈現

颱風來了／林紫婕

天空突然吹起來一陣大風，敲打我家門窗，好像叫我出去玩。

我慢慢走，慢慢走，走到了門口，心裡碰碰跳跳的。突然，又有一陣一陣的小風，風輕輕的吹著我，現在我不害怕了，它不像其他颱風一樣兇惡、可怕。我一邊開門，一邊看著颱風，門一打開，我就高高興興的跑出去。

我和颱風玩了一整個下午，我好累好累，就對颱風說：「颱風我好累喔！」颱風看到我這麼累，就兇兇的飛走了，我也走回家。

隔天，我又要去找颱風玩，可是颱風不在公園等我，我只好失望的回家。一回家，我就打開電視，轉到了五十五台，突然我看見颱風在偷人們的東西。我很生氣，立刻報警。警察馬上跑到山頂，把颱風抓進罐子裡，再丟在監牢裡，再也不讓它出來了。

過了好多年，我去監牢偷偷把颱風從罐子裡放出來，颱風它咻的一聲飛走了。等它走了之後，我就快步走回家，不知道為什麼，我再也不會孤單了。

寂寞的龍捲風／張慧玟

有一天，我睡覺的時候，作了一個夢。

在夢中，我遇見了一個龍捲風，他的名字叫小瓜瓜，小瓜瓜很傷心的坐在角落一直哭，我走到小瓜瓜的旁邊問他：「小瓜瓜，為什麼你在哭？」小瓜瓜就說：「嗚──哇……大家都說我很壞，可是我明明就很乖，嗚──嗚──，我只是想找一個人陪我玩呀，嗚──卻沒有人要和我玩！哇哇哇──」。我想了一下，就告訴小瓜瓜：「小瓜瓜，你好可憐喔！沒有人陪你玩，那我陪你玩好了！」小瓜瓜好高興呢！

我就帶著小瓜瓜到遊樂園玩，因為我太矮，所以就請小瓜瓜幫忙買票。工作人員看到小瓜瓜，以為他要來殺人，所以……就送我們兩張票耶！因為很多人在排隊玩遊戲，小瓜瓜就等得不耐煩，一口氣就把所有人都吹走了，小瓜瓜帶著我去玩雲霄飛車。咻──咻──咻──我和小瓜瓜玩得轉來轉去，我們倆玩得好開心呢！

颱風奶奶／劉又瑄

有一個小朋友叫風山，有一次他寫了一封信給颱風奶奶，上面寫：「你是個大壞人，我恨你！哈哈！」這封信被颱風奶奶看了，颱風奶奶很生氣，她想找機會報仇。

有一個晴朗的天氣，颱風奶奶一邊織毛線一邊想：「我等一下要做什麼事呢？」後來她就想到要報仇了，她拿起地圖去台北了。

到了台北，她一直找風山，終於她看到了，她一直捉弄風山。可是她太老了，又太善良了，所以一下子之後，她不捉弄風山了，還去找其他人類朋友，玩遊戲、談天。

風山後來又寫了一封信，給颱風奶奶，上面寫：「真對不起你，是我不對。」

颱風奶奶看了以後，不久後就死了。

後來，不知道為什麼，颱風奶奶的子子孫孫都很壞，讓大家很生氣。

颱風來了／周妍寧

有一年，我遇見了颱風弟弟，你們知道他對我說了什麼嗎？就讓我來告訴你吧！

這大概是前年的事吧！上次颱風弟弟跟我說：「你願意和我做朋友嗎？」我說：「好哇！」於是我就和颱風弟弟成為好朋友了。

颱風弟弟實在太調皮了，他把小明的爸爸吹走了，又把小小的朋友吹走了……。我就跟他說：「你若是再傷害別的人，我就不理你了喔！」颱風弟弟一氣之下，就跑走了。

我知道自己闖下了大禍，而且是個不可收拾的禍。

幾天之後，颱風弟弟來找我，我以為他是要來找我報仇的，可是他卻是來跟我道歉的。他說：「姊姊，對不起，上次是我不對，請你原諒我好嗎？」我說：「但是你跟我保證，下次絕對不再欺負大家好嗎？」颱風弟弟毫不考慮的說：「我一定會做到的，但請你再跟我做朋友，好嗎？」我就答應了。

從此以後，颱風來時，我都會出門找他玩喔！

颱風在搗蛋／洪至賢

有一天上課的時候，我打開課本，忽然有一陣風把我的課本吹走了，我很生氣的對外面說：「可惡的風，快把課本還給我。」風呼呼的好像在說：「你要搶回去，就來搶啊！」

我一下課，就氣呼呼的跑出去，找我的課本，找了好久都找不到，忽然風越來越強，都快要讓我浮起來，我怕得都快要哭了。

之後，我跑到教室裡，希望風不要再搗蛋了，我看見風比剛才還要大，同學把我旁邊的窗戶打開，我被風吸進去，風勢強到和颱風一樣，我看到一本課本在旁邊轉來轉去，颱風停的時候，我從上面掉下來，我的課本也濕了。

我到家衣服都濕了，媽媽罵我說你看你都感冒了。

颱風朋友／陳昱睿

颱風在窗外呼呼的吹著，好像在叫我們出去玩，這時新聞報導說：這個颱風的名字叫馬力亞。新聞說：這個颱風的威力很大，如果你在路上，他就會把你吹到一個怪怪的國家。這時我就想寫一封信給馬力亞，我寫：馬力亞你好壞，你每次都來台灣，你是個大壞蛋。

過了幾天，颱風精生氣了，他就颳起了一陣大風，我開始有一點害怕，因為我寫了這一封信，他會不會把我帶到一個我不認識的怪怪國家。這時我又寫了一封信跟馬力亞說：對不起，我不是故意要寫那一封信要給你的，因為你每次都來台灣，我很不喜歡。你看新聞上都說：水庫都因為你而暴漲了，大家都不開心，因為我們台灣最大的水庫被你破壞了。

過了幾個月，馬力亞颱風不再來破壞了，大家都變開心了，因為颱風被一個人關起來了，大家看到颱風都跟他打招呼，颱風跟我們就變成好朋友了。

颱風／劉珉

颱風在窗外呼呼的吹著，好像在叫我出去玩，它將樹葉吹在我們家門前，好像是送給我禮物一樣。

有一次我朋友說要寫一封信給颱風，說它對人不好，常常把家裡的東西吹走。颱風一看到信，就生氣的說：「我一定要找她報仇。」有一天我朋友要鉛筆，突然一直找不到鉛筆，我就跟她說：「我知道是颱風搞的鬼。」她一聽到我說的話，又回了一封信給颱風。其實颱風根本沒有在反省，還是天天在玩。我朋友趕緊去告法院，法院裡的人就把颱風關進一個箱子裡面。

五年過去了，颱風一直都沒有回來，我朋友覺得很孤單，跑進去法院裡把箱子打開，颱風又回來了。

可是颱風不但沒有再搞鬼，反而回到自己住的地方，我朋友覺得她好像又多了一位朋友一樣。

當我看到它時，我們都會跟它一起玩，被它吹過來吹過去，颱風吹來的風真的很舒服，因為它吹來的風很輕又很涼。

颱風奶奶／詹舒彥

在一個國家裡，那裡一年四季都是晴朗的好天氣。

但是一直都沒有下雨，水庫裡的水快用完了，國王非常煩惱。一天又一天的過，水庫的水都用完了，國王把自己要用的水，分送給了人民。

人民開始想辦法。有一天大臣想到了一個辦法，他決定寫一封信給颱風奶奶，但是那天颱風奶奶家的兒子要結婚，所以不在家，大臣失望極了。

颱風奶奶回到家發現了那封信，答應了大臣。國王向大家宣布：「今天晚上颱風奶奶會來，所以請大家不要出門！」到了晚上七點，颱風奶奶卻沒來，國王非常生氣，覺得自己被人放鴿子。

隔天人民非常憤怒，大臣寫了一封信給颱風奶奶，才知道原來颱風奶奶記錯時間了，颱風奶奶覺得非常抱歉，決定在晴朗國連吹三天三夜。晚上外面起了大風，才吹了一夜，水庫的水就滿出來了。國王對颱風奶奶說：「好了！好了！謝謝您的幫忙。」

從此以後，國王和颱風奶奶變成了好朋友。

颱風天／張彤瑜

從前，有一個可以控制天氣的人，名叫阿古，如果阿古心情很好的話就是晴天，心情不好就是雨天，如果心情是生氣的，就是颱風天。

有一次他的心情是非常生氣的，所以連續好幾年，都是颱風天。他心情不好的原因是因為他的錢被偷了，還沒找到小偷，所以心情不太好，但好多人都快受不了了。

有一個人試著去找阿古理論，可是阿古太固執，他說：「除非找到小偷，不然就不會想要有晴天。」他的錢一天比一天還要少了。

有一天他的電話響了，他接了起來，有人說：「我知道誰偷了你的錢了，請你來警察局一趟好嗎？」

阿古立刻說：「好！我一定會去，我會盡快趕過去。」

阿古高興的要命，他趕到警察局的時候，看到偷他的錢的那個人，立刻海扁他一頓。警察先生說他是珠寶大盜。他終於可以把他的錢拿回去了。人民又有晴天了。

人民慶祝了一天，因為又有了晴天。

颱風朋友／林韋丞

從前有一個人叫做小明，他很喜歡放風箏，可是！有一天，他在放風箏的時候，突然颱風吹過，小明的風箏就斷了！小明生氣又難過，因為他的風箏是很久很久才做好，可是卻被颱風用壞了。

自從小明的風箏被颱風吹壞後，小明就很恨颱風。有一天，小明的媽媽生了一個弟弟之後，常常就有颱風來，沒有人知道為什麼。

有一天，颱風突然冒出來，把我們村子淹滿大水，可是我們的狗多多，被大水捲走了，只好用魚竿去勾多多，魚竿上的魚勾有狗餅乾。結果，我們竟然勾到了鮪魚，這條鮪魚很大，我和媽媽、爸爸、弟弟把鮪魚吃掉，我們吃了十天十夜也吃不完，結果我們家的狗多多終於回來了。不過牠的肚子好餓，結果牠把我們吃不完的鮪魚吃掉了，好可怕，我和爸媽和弟弟大開眼界，狗狗多多真的好厲害喔！

老師的故事導引：颱風兄弟

一

三弟快出生的時候，我們住在小村子裡。

這個小村子，後面有一條小河，漂流著菜葉、孤單的拖鞋、破掉的玻璃瓶、斷一隻腳的玩具小兵……。

有一天，二弟、爸爸和我站在小河旁，看著一個破瓦罐浮浮沉沉。

「呀，破瓦罐呢！多可惜，不知誰家的？」

二弟一邊吃棒棒糖，一邊詢問。

「有人家被水淹了吧！瓦罐被沖出來，現在無家可歸了。」爸爸語氣悠悠的說道。

「我們家會被水淹嗎？」二弟放下棒棒糖，神情有一絲擔憂，眺望逐漸遠去的瓦罐。

「有可能喲！颱風來的時候，小河漲滿水，很多東西就想離家出走了喲！」爸爸摸摸我和二弟的頭，陶醉的望著河水。

「颱風什麼時候來呢？」我和二弟異口同聲問。

爸爸沒有回答，卻閉起眼睛，聽河水嘩啦嘩啦流往遠方的聲音，帶著破瓦罐流浪的聲音。

二

天空特別藍的日子，三弟出生了。

我們到醫院看三弟，三弟眼皮上被蚊子叮了一個小包。

「那是颱風做的記號喔！」護士小姐說。

我和二弟倒吸了一口涼氣，彷彿聽見河水嘩啦的聲音，看到漂流的破瓦罐。爸爸卻呵呵的笑了。

叔叔到醫院看弟弟，也呵呵的笑了。

六月快結束的一天，三弟出院了，天空的藍色更深了。

媽媽抱著三弟，帶著二弟和我，到山上的外婆家去了。

三

天空的藍，跟著我們到外婆家。我和二弟在龍眼樹下，聽蟬的叫聲。三弟窩在媽媽懷裡，睡得打呼嚕，眼皮上的小包還在。

「颱風會不會追來這裡呀？弟弟身上有颱風的記號呢！」二弟吃著天空藍的棒棒糖，不時發出呼嚕的聲音。

風在耳邊，呼嚕、呼嚕吹過去了。

颱風沒有來外婆家，去小村子裡了。

小村子的風很野，從村頭呼嘯到村尾，從村尾呼嘯到小河上，將小河的水帶到村子裡。

風敲著家裡的窗戶，發出咚咚的聲音，急著要找人似的。爸爸不理會颱風，將門窗關緊，在黃昏裡，點上小黃燈，躺在小床上讀書。

颱風敲家裡的窗戶，越來越急，毫不留情的搥打。爸爸也毫不理會，將風關在門外，津津有味的讀《水鬼學校和失去媽媽的水獺》，還發出呵呵的笑聲呢！

颱風狂嘯著：「開門開門……。」

爸爸翻個身，繼續看書。然後，他愣住了，小黃燈熄滅了。

颱風將小村子裡的電線桿吹倒了，小村子逐漸被水和黑暗包圍住。

「糟糕，淹水了。」爸爸下床才發現。

小河的水倒灌進來，都淹到腰際了。昏暗中，爸爸看到拖鞋一東一西漂浮著，桌子半浮半沉、家具也都不在固定的位置上，全聚集在門邊列著隊，等著離家出走。

爸爸突然站不住腳，在水中摔倒了。

這時，廚房漂來一條海豚，剛好在爸爸身邊。爸爸伸手一構，跨坐在海豚上頭。爸爸說：「哪裡來的海豚？小河沖來的嗎？」

爸爸摸摸海豚的身軀，噗哧笑了出來。「哪是海豚呀？原來是廚房燒飯的瓦斯桶呀！」

爸爸騎在瓦斯桶上頭，發出讚嘆的聲音，越來越覺得騎著的是海豚，那身軀，彷彿自己會移動，就是閉上眼睛，也能隨心所欲到任何地方。

「我說，海豚啊……就帶我離開這房子吧！」

爸爸開了門，所有的家具都禮讓「海豚」先行，規矩的排在後頭，像一支雜牌軍隊。

爸爸坐著海豚出門了。颱風終於進家門，從門前吹到門後，再從門裡吹到門外，氣呼呼的鬧脾氣。

颱風跟在爸爸後頭使性子，爸爸可管不著，搭著「海豚」往前行。快要出村子時，看到遠方有一個晃眼的光圈，像黃金的洋蔥圈朝爸爸移動。

「肚子突然餓起來了。」爸爸哆嗦著身子說。

為了加快速度，看拿著手電筒救援的是誰？爸爸的腳啪嗒、啪嗒的划著水。

這時，光圈後頭，突然響起了一個熟悉又嘶啞的聲音：「看到你真好啊！」

爸爸不由得一怔，仰臉看去，滿臉水珠子的叔叔，也是騎在像海豚的瓦斯桶上頭。

叔叔說：「我在村子外頭遇到這條『海豚』，好像專程來接我的吶！」

說完了，爸爸和叔叔一人搭一條「海豚」到鎮上，躲避河水和颱風去了。

四

我們回到小村子時候，颱風已經離開了，但房子不能居住了，潮濕的長出了霉菌，家具大部分也都離家了，可能都在小河漂流吧！

我們搬到了鄰近的大村莊。

大村莊後頭有一條大河，漂流著紙板、木頭、孤單的拖鞋、缺一角的舊唱片……。

爸爸在河邊養了六隻鴨子，「呱呱呱、呱呱呱。」鴨子搖頭擺尾，在大河悠游。

天剛濛濛亮，鴨子就下水了。微風吹拂時，鴨子在水面上。天空格外藍時，鴨子在水中游來游去。飄細雨絲時，鴨子也不回家，還將脖子藏在水裡面潛泳哩！鴨子在河面上，排成「人」字型，突然換成一列，追逐孤單的拖鞋、被誰遺忘的小娃娃、迷路的小錫兵。好像問他們：「要去哪兒呀？送你一程吧！」

只有落日沉到大河對岸，呈現熟透橘子的紅顏色，鴨子才從橘紅色的光暈中，一隻一隻游上岸了。鴨子一邊抖落身上的水珠，一邊搖擺尾巴，走回家裡溫暖的小窩。

「是夕陽將鴨子送回家的喲！一、二、三……」二弟和我負責數數兒，二弟吮了一口藍白條紋的棒棒糖，又接著數：「四、五、六。六隻鴨子都平安回家了。」

鴨子都回家了，我和二弟也回家了。剛關好的門，忽然響起了「叩、叩、叩」的聲音。

「誰在敲門呀？」二弟重新將門打開，門外空蕩蕩，一陣風將他的頭髮吹得飄起來。

二弟口含棒棒糖，雙手用力將門關好。不一會兒，又響起了「叩、叩、叩」的聲音。

二弟和我同時望向娃娃車裡的三弟，三弟眼皮上的小包還腫著。

「那是颱風做的記號呀！」

我和二弟倒吸一口涼氣，想起颱風的事，彷彿聽見河水嘩啦的聲音，看到漂流的破瓦罐。

門又響起了「叩、叩、叩」的聲音，整個房子都迴盪著「叩、叩、叩」的聲音。

「怎麼不開門呢？」敲門的原來是爸爸。

「還以為是颱風來了呢！」我打開門，二弟鼓著嘴巴說。

「還沒呢！明天才會來吧！」爸爸踏進家門，手裡抱著一袋蕃薯，還有一袋馬鈴薯。

晚上，三弟吸著奶瓶，在娃娃車裡安詳的睡著，發出輕輕的呼嚕聲。

爸爸開著小燈看《水鬼學校和失去媽媽的水獺》，媽媽坐在椅子上打毛線。

二弟和我蹲在炭爐旁。二弟吮著棒棒糖，我搖晃著即將脫落的犬齒，差點睡著了。

火星微微亮著的炭爐內，發出嗶嗶啵啵的小聲響，蕃薯安穩的被烘烤著。爐子上白煙輕飄飄，發出咕嘟咕嘟的聲音，馬鈴薯正愉快的被燉著。

五

清早，颱風「叩、叩、叩」敲擊門窗，我和二弟同時醒了，一骨碌爬起來，朝窗外望去。

「河水漲起來了呢！」

「鴨窩空蕩蕩的，鴨子一定下水游泳了。」

窗外的落葉被掃到河面。離家出走的破盆子、玻璃瓶，還有漂流木，在落葉中間載浮載沉。

從窗戶往上望，天空一片碧藍，風薄得很透明，雨燕也出來湊熱鬧。

我和二弟趕緊跑出去。二弟手裡，握著昨天吃剩的棒棒糖。

村人都出來了，站在河堤，手拿長竹竿，想撈河裡的漂流木，放入灶裡當柴火燒。

突然，風開始激動了，吹得衣服啪啦啪啦響。

碧藍的天空，瞬間被墨染黑了。

雨燕收起翅膀，回家了。

雨像洗澡的蓮蓬頭，灑水下來。

河水突然暴漲起來，村人將竹竿丟入河裡，落湯雞一樣的跑回家。二弟跑回家時，手中的棒棒糖被風吹走了，弟弟捨不得的回頭看一眼。

「就送你當禮物吧！」二弟進屋前，大聲對颱風說。

颱風什麼也沒有回答，只是大力敲擊著門窗，發出「匡啷、匡啷」的聲音。我的犬齒就在那時，很乾脆的斷掉了。

二弟拿去端詳好一陣子說：「你的牙齒少了一個角。」

可不是嗎？我說：「大概啃骨頭時磨掉的吧！」

「把你的牙齒送給颱風吧！」二弟說。

我打開門，將牙齒使勁的丟向風中，颱風收下了我的小禮物。

颱風敲著窗戶，不停的說謝謝。

六

風雨正大的時候，有人敲門。

門口站著一個個子高高、頭髮長長的青年，好像被風吹雨打過一百年，神情抑鬱。我們不認識他。

他說我們家的鴨子，被風雨困在沙洲上，如果不想要了，可以送給他。說完話，他拿出一根吃過的棒棒糖含著，有點笨笨的樣子。

「怎麼不想要？我現在就去捉牠們回來。」爸爸說完，套上雨衣雨鞋。

青年聽爸爸這麼說，摸摸鼻子走了，將棒棒糖塞到嘴巴右側，邊走邊吹口哨。口哨聲音很響亮，帶著甜甜的味道，傳到風中，傳到河裡，傳到天上了。

媽媽抱著三弟，擋在門口，不讓爸爸出門。

「那個年輕人都不怕，我怕什麼？」

「你知道年輕人是誰嗎？」

爸爸跟著媽媽的眼神，望向窗外。長髮年輕人走到河裡了，一點兒也不受風雨的影響。

「是河神？還是水鬼？」爸爸淘氣的做鬼臉。

「都不是！」媽媽拍拍弟弟，接著說：「是颱風哥哥吧！他走在風裡，穩穩當當，一點兒都不受影響吶！」

爸爸噗哧笑了出來，一定要出門。媽媽板著臉，一定不讓他出去。

兩人僵持不下。

二弟想了好法子，拿來一捆好長、好長、好長、好長的繩子，超過一百公尺那麼長。那條繩子，是叔叔帶來搬家時綁家具用的，但是小村子的家具被水沖走了，繩子沒派上用場。

現在這條繩子有用處了。一端綁在爸爸腰際，我和弟弟慢慢放繩子，不讓風吹走爸爸。

爸爸打開門，風「呼！呼！呼！」的吹進家裡

爸爸頭也不回，走入風中。

「爸爸跟颱風跳舞吶！感情真好。」二弟從門後探出腦袋，驚呼出聲音。

我的頭也探出來。看見爸爸在風中，前進兩步，後退一步。往右一步，向左兩步。

爸爸搖搖晃晃，往河裡走去。起初像一隻搖擺的大鴨子，漸漸遠去，像一

顆饅頭一樣大，漸漸遠去，像棒棒糖一樣大。最後剩下一個黑點兒，像芝麻一樣大，被風一吹，就看不見了。

「爸爸會不會回不來啊？」二弟擔心的問。

「胡說！爸爸身上綁著繩子呢！」我一邊放繩子，一邊說。

風在外頭，呼嚕嚕個不停。

七

雨停的時候了，風還不休息。爸爸和六隻鴨子，都沒回來，長長的繩子快放完了。

空氣中漂浮著一種氣味，一種新鮮又悲傷的氣味，混和著爛泥巴和離家的味道。

窗戶被風吹得「匡啷、匡啷」響，我和弟弟蹲在門邊發呆，好像作了好長好長的一場夢。

媽媽抱著三弟說：「快把爸爸拉回來吧！」

我和二弟想到爸爸，緊張起來，怕颱風帶走爸爸。

「嘿喲！嘿喲！」我和二弟使勁拉繩子。

不一會兒，弟弟的手磨破了，我的手長出繭了。

繩子橫跨河水，從遙遠的對岸往回拉。一陣風吹過來，有人在風中說：「你們在拔河啊？我也來幫你們拔！」

我循著說話聲轉頭，什麼也沒看到，二弟卻說，風裡有一個影子，好像長髮飄在風中，還含著棒棒糖的樣子。

「那不是早上來敲門的颱風哥哥嗎？」

說也奇怪，繩子變輕了，從河裡不斷抽出來。隨著繩子，拉出一串棒棒糖，圓圓的，小小的棒棒糖，從河面上冒了出來，被染上一層淡淡的藍色。

棒棒糖隨著風飄上去，綿綿不斷的，往河的下游飄去。

二弟看呆了，想要吃棒棒糖吧！「那棒棒糖的樣子，好像肥皂泡喔！一定飛到颱風哥哥的口袋裡了。」

「不是吧！不是肥皂泡的樣子，好像棒棒糖吧！」

無論是棒棒糖，還是肥皂泡，都漸漸被風吹走了，隨著風吹到遠方去了。

二弟口裡呼出長長的一口氣，為那些遠去的棒棒糖可惜呢！

我和二弟繼續拉繩子。

「拉到了，拉到了。」二弟喊著。

拉近一看，是一塊大石頭，一塊黑黑的大石頭。

「完了，爸爸變成石頭啦！」二弟坐在地上哭了。

「繩子還很長！沒完呢！」我把大石頭解開，只是一顆平凡無奇的石頭。

「一定是誰想捉弄我，哼！」二弟坐在大石頭上，氣呼呼的拉繩子。

「拉到了，拉到了。」二弟喊著。

繩子綁著的，只是一個小盒子，裡面有兩枝鉛筆，一塊橡皮擦。

「哎呀！這是我不見的鉛筆盒呀！總算又找回來了。」二弟心情雀躍起來。

「但是爸爸還沒回來。」我催促二弟趕緊拉繩子。

二弟將鉛筆盒寶貝的放在旁邊，坐在石頭上，繼續拉繩子。

「拉到了，拉到了。」二弟喊著。

拉上來的不是爸爸，而是長方形的黑箱子，黑色的漆有點脫落，像一具棺材。

剛好放得下一個人。

「爸爸會不會躺在裡面？」二弟很害怕的說。

我也很害怕，怕爸爸躺在箱子裡。

「我聽到裡面有聲音，好像在敲箱子，是不是爸爸在敲？」二弟的眼睛發亮了。

我和二弟費了好大力量，蓋子發出「嘎嘰」的聲音，箱子打開了。一股潮濕的霉味衝上鼻子。

箱子裡面……

什麼也沒有。只有一陣風，從箱子裡鑽出來，竄到天上去，將我頭髮弄亂了。

「原來，剛剛敲門的是風啊！」二弟摸摸頭，好像有點兒失望。

我喘了一口氣，想起颱風哥哥調皮的樣子，要弟弟加把勁兒。但繩子變得很重，越來越難拉。

「也許，就要拉到爸爸了吧！」我和二弟這樣想。

果然，背對著我們的爸爸，一身爛泥巴，抱著什麼東西似的在掙扎。

我們用最後一點兒力氣，將爸爸拉回來。

爸爸轉過身，很生氣的說：「拉什麼拉？我不會走嗎？」

「可是，你就是不回家啊！」二弟委屈的說。

「事情沒辦完，怎麼回家？六隻鴨子，只抓回五隻，還有一隻眼睜睜看著牠跑走了。」爸爸將懷中的東西放下來，拍拍身上的泥巴，「最後一隻，差一點就抓到了，就在那時候，我身體不斷被往後拉。我以為是水鬼拉我哩！拚命掙扎著，原來是你們倆兄弟呀！」

爸爸放下來的東西，有一條魚，還有一只破瓦罐。

「這破瓦罐好眼熟啊！卻想不起來在哪裡見過？」二弟將破瓦罐拿起來端詳。

破瓦罐有一股流浪的氣味。

八

傍晚，媽媽將炭爐點燃，火星微微的亮著，嗶嗶啵啵的聲響，是蕃薯被烘烤的聲音。爐子上白煙輕飄飄，發出咕嘟咕嘟的聲音，魚兒正愉快的被煮著。

晚餐上桌的時候，魚開心的張大嘴巴。

「魚有一顆牙齒，特別大呢！」二弟像個牙醫，將魚牙齒看得特別仔細。

「好像是哥送給颱風的牙齒耶！」

可不是嗎？魚牙齒還缺了一小角哩！颱風一定將我的禮物，轉送給這條魚了。

「快吃飯吧！颱風已經走了。」媽媽慈祥的說。

「是啊！快吃飯吧！颱風已經走了。吃完飯，我要繼續看《水鬼學校和失去媽媽的水獺》哩！」爸爸猛大口的吃飯。

颱風已經走了？怎麼都不通知一聲呢？

我和弟弟趴到窗戶旁，真的一點風也沒有了。

我們趕緊看娃娃車，三弟在娃娃車裡安詳的睡著，發出的呼嚕聲，有點遙遠，眼皮上的小包消失了。

颱風真的已經離開了呢！

我們跑到河堤上，黑夜已經快籠罩村子，只有河的尾端，還有一點溫柔的紅雲。

我們眺望著遠方，好像看到颱風哥哥飄飄的長頭髮，還調皮的含著棒棒糖哩！

中年級：善用文學語言加深感染力

九歲以上的孩子，不少學生開始對文字有較強的敏銳度。教師應善用文學性的口語表達，尤其是富於感染力、富有音韻與節奏的語言，對長期聆聽故事的人，我發現有強烈的影響力。

以音韻加強文字敏銳度

小四以前的課程，只要一個精采的故事，就已足夠發展孩子的寫作能力，偶爾穿插兒童哲學、生命經驗的對話，可以豐富他們的思考與心靈。

但九歲以上的孩子，不少學生開始對文字有較強的敏銳度。教師應善用文學性的口語表達，尤其是富於感染力、富有音韻與節奏的語言，對長期聆聽故事的人，我發現有強烈的影響力。這個年齡以上的學生，在精采的故事中，以文學性表述內在的心靈世界，以及外在的經驗世界，也能使聆聽者更接近文學。

如此表述方式，從中年級（國小四年級）開始，一直到成人的寫作練習，我都將此策略放入課堂中，從聆聽、討論，再落實文字書寫。一段時間之後，寫作者的文字能力明顯提升了。

以下是兩個小學四年級的作文課，我將主題與作文呈現，讀者可以拿來和前篇、後篇所示，別的年齡層作文作一比較，可發現其中細微的不同。

飛入別人的心靈

我將體貼別人內心、體諒別人行為的主題「飛入別人的心靈」，放在四年級的課程，可以文學性表述內在心靈世界。

這個主題的討論，通常以內在的感受、想法如何和別人分享？如何表達給別人知道？也試著思考身邊的親友，如何知道他們心裡有事？所有的討論以此為方向，並探討是哪些事件讓他們產生感受？心中有事卻不想說出來？哪些狀況下曾經被誤解過，又如何誤解別人或理解別人。

這個主題受到學生熱烈的迴響，我課堂教學的四年級學生，或多或少都有一些事件可供分享，經常有孩子在課堂分享時，觸動到個人的經驗，感傷落淚。

進入故事時間，每位教師選擇的故事各有不同，有的教師選擇平凡而能打動人心的生活小故事，我則講述帶有魔幻味道的小故事。

故事內容大致如下：

我國小四年級時，家附近搬來一位可愛的小女孩，綁著兩條四季豆般的辮子，身材單薄，彷彿風一吹就飄遠了。

那是秋天的季節，所有的小孩都熱中放風箏，不是自己動手做紙風箏，就是到便利商店買一個五塊錢的卡通風箏，在放學後的小公園迎風奔跑，看著風箏在天空翱翔。

剛搬來的小女孩，常站在小公園，眼神熱切的看著眾人放風箏，幫別人撿偏航墜落的風箏，卻從未見她放風箏。問她，她都只是笑著搖搖頭，也不說為什麼。同伴們知道她媽媽過世了，爸爸是泥水匠，兩人住在小公寓，相依為命。

小女孩每天來看放風箏，成了公園的風景之一。

直到有一天，這個風景消失了，好幾天不曾出現在公園裡。直到有一天，我看見她正要過馬路，單薄的身子，背著紅色的書包，大概要回家吧！我過去問她，怎麼不來公園了呢？她靦腆的笑了，吸了一口氣才對我說原因。

原來她很羨慕放風箏的快樂，一直想買一只風箏，親自牽著風箏跑，送風箏到藍天。但她連五塊錢的零用錢都沒有！向爸爸央求買風箏，爸爸都皺著眉頭，沉默不語，她覺得爸爸不愛她。她常躲在棉被裡哭泣。

有一天傍晚，她看見一只藍風箏掉落在樹枝上，飄呀蕩的，沒有主人。清潔工伯伯幫她拿下來，藍色的風箏，身軀被劃破了一點，但還是很漂亮的風箏，最重要的是，那是她擁有的第一只風箏。

她將藍風箏帶回家，修修補補，已經是一只可以飛翔的風箏了吧！她小心翼翼的將藍風箏放在床下，幸福的睡著了。

夜晚時分，藍風箏將她喚醒，要她坐上風箏，帶她到一個地方。

她坐上風箏，很神奇的從窗戶的縫隙鑽出去了，漸漸往上爬，她感到自己越來越高，空氣越來越乾淨，彷彿離星空越近了。她低頭往下看，發現房子變小了，原本黑暗的夜，風箏一經過，路燈一盞一盞點亮了。藍風箏帶她進入一個綠樹如茵的山洞，黑暗的山洞裡面，有一個昏暗的斗室，爸爸正和死去的媽媽說話。她隔著窗玻璃，大聲喊叫爸媽，但爸媽都沒聽見，她急得眼淚落了下來。藍風箏說這是妳爸爸的心裡，他們聽不見妳說話，也看不見妳。

她聽見爸爸提到了想念媽媽，聽見爸爸很愛她，聽見爸爸很辛苦，但沒有錢，想買一個風箏送給她，但一點兒錢對家庭來說都是重要的。她看見爸爸緊握媽媽的手，會好好努力……。

她已經啜泣得淚眼模糊了。當她坐上藍風箏，心裡頭明白爸爸那麼愛她，而她卻不懂，她決定要多體諒爸爸。藍風箏必須在天亮以前，帶她回到家裡。

當風箏飛出山洞，在晨曦的微光中，她看見綠樹開出燦爛的花朵，是春天才有的櫻花，竟然在秋天盛開……。

她醒來後，發現藍風箏在床底下，分不清楚是夢是真實？但是她能體會爸爸內心對她的愛，所以她暫時不來公園放風箏了，而在家裡作功課呢！以前功課都拖到好晚才做完呀！而且爸爸答應假日空閒時，要親自做一只風箏給她，會陪她來公園放風箏，她覺得和爸爸更親近了。

我看著她單薄的身子，辮子在風中晃呀晃的，彷彿也能懂她心中所想的事情呢！

學生作文呈現

神偷心／郭珈綾

夜深人靜時，小艾坐在床前，回想每一件心事，沒有一件是令人難過的，大家都認為她是開心果。突然，一個黑影出現，黑影跳進房間……。小艾尖叫一聲，倒在床上，那黑影便鑽入她心中……。

沒錯，那就是神偷。他喜歡把好人心中的好心事丟進大布袋中，再把它們運回家中，偷偷放進自己的夢裡。在夢中細細品味人們的心事，小艾是他品嘗過最討厭的心事，神偷恨快樂，他恨。

小艾沒有心事後，心靈空洞。但是一天過去了，她又有好多好棒的心事。好多好多……多到心都滿。回家後她來到書桌前，看著自己和妹妹的合照，父母有了她再有了妹妹小青，但是妹妹在五年前全家人去台東時失蹤了。

她忘了和妹妹的回憶了。正當她忘了所有事情時，一隻青鳥飛了進來。青鳥說：「是一位神偷偷了妳的心事，他也忘了快樂。我們一起飛進他心裡吧！」小艾興奮的跟著青鳥飛進了神偷的心裡。

神偷思念太太，小艾在神偷的心中看見了神偷的太太和他。他們一起說笑，小艾見了，便把滿出來的心事，放了一些在神偷心裡，又和青鳥乘著夏天的風，把神偷偷來的心事，送回大家的心中。

小艾回到家中，很快就睡了，她也找回了自己的心事。只是，她永遠不會知道，妹妹（青鳥），此時正在她心中，默默的陪她呢！

飛入媽媽的心裡／林端安

有一天晚上，我和妹妹在看電視，媽媽說：「端安，等一下去把碗收到廚房。」我看完電視，一邊收碗一邊說：「為什麼妹妹不用收？」

晚上，凌晨一兩點時，有東西在我耳邊說：「起來了，起來了。時間到了，上學要遲到了。」我看見一顆會飛的心。

我問：「你是誰？為什麼在我的房間裡？」

他說：「我是心心，我從你心裡飛出來的。」

我問心心：「你叫我要做什麼？」

心心說：「我帶你去一個地方，你跟我來。」

心心帶我到媽媽的床上，不知不覺我和心心就進入媽媽的心裡。

我看到一扇門，我和心心走了進去，心心就消失了，他消失以前跟我說：「你要去找你媽媽。」說完就不見了。

我找了好久，才找到媽媽，我問媽媽妳在做什麼？媽媽說：「那些是媽媽的工作。」

後來我說：「媽媽妳為什麼對妹妹那麼好？」媽媽說：「我沒有對妹妹很好，我是為你好，因為你妹妹月合會自己管好自己，你不會。端安，媽媽愛你，沒有對妹妹比較好。」

心心出現了，他說；「你現在懂媽媽的想法了。」心心帶我出去。

我又聽到：「端安起床了。」我看見自己睡在媽媽旁邊。

我覺得那是我做過最好的夢了。

飛入別人的心靈／陳宇芊

有一天小瑩出門遇到小琳，小琳悶悶不樂的，不知道在想什麼事情？小瑩就問小琳怎麼了？小琳不告訴她。所以小瑩就回家了。晚上，小瑩才剛睡著，就有一個東西推她，她起來看到底是什麼東西在推她？結果她看到一艘紅色和黃色條紋的飛機，然後飛機對她說。它可以帶小瑩到小琳的心靈裡，看小琳在想些什麼？

話一說完，小瑩就跳上飛機，飛機就帶她飛出窗戶。到了小琳的家，小琳還在睡覺，飛機就飛進小琳的心靈。小瑩遇到了小琳，小瑩看到一張紙條上寫著：1、考試考不好。2、被爸爸罵。3、數學不會……等一大堆字。小瑩才知道小琳數學不會，所以考不好。

飛機帶她飛上小琳的心靈，小瑩發現這不是在作夢，而是真的。

第二天上學的時候，小瑩教小琳數學，小琳的數學就越變越好了，從此以後，小瑩更了解小琳的心在想什麼了。

飛入別人的心靈／黃慧芸

莉娜是一位新搬來的鄰居，由於她人很和善，所以不到一天，大家就和她成為好朋友。

她喜歡畫畫，她的夢想是成為大畫家，這是一個多麼棒的想法啊！可是莉娜根本沒有錢買畫畫的用具，頂多是向別人借來用。而且，莉娜的爸爸是泥水匠，一個月下來的工資不過五、六千塊，加上食、衣、住、行、育、樂等東西都要錢，這樣根本就沒有辦法買畫具嘛！

有一天晚上，莉娜幫爸爸洗完碗之後，就上床睡覺了。夜裡，莉娜感覺有風一直吹一直吹，她氣得爬了起來，正想開口罵人的時候，卻發現一堆畫具。莉娜問道：「你們是誰？我覺得你們好眼熟喔！」畫具們說：「當然囉！我們就是妳今天早上撿到的畫具啊！謝謝妳，我們要帶妳去一個地方，跟我們走吧！」於是，莉娜穿起了外套，坐上了一枝筆，其中有一個水桶說：「走囉！」於是它們就捲進了一陣漩渦裡，她到了爸爸的心裡。

莉娜看到一個大板子，上面寫著：

1、我希望莉娜能健康的長大。

2、我希望莉娜不要因為得不到母愛而難過。

3、我希望可以幫女兒買畫具。

4、我希望我的孩子能受人喜歡。

當她看完後，不禁哭了起來，她才知道父親是多麼的愛她啊！

現在，她只想回去和爸爸說：「我愛你，爸爸。」

飛入別人的心靈／林冠辰

我從來不了解他心裡在想些什麼！

我常常看到小傑眼裡，有一種渴望，可是到底是什麼？我真想知道。我在路上，一直想，一直想，可是就是想不透。

那一天我才剛入睡，感覺有東西碰著我的手臂。我睜開眼睛，看到前方有一隻小綿羊，小綿羊說：「走吧！去旅行。」我說：「好啊！反正我的心願是環遊世界。」我就坐上小綿羊的背。才剛踏出窗外第一步，我就發現我在小傑的內心裡，不管每個地方，都是小傑所做的一切。小綿羊說：「你想知道小傑的渴望嗎？走吧！」

在路上，我看見小傑的喜怒哀樂。我才知道小傑過得其實很不快樂，就算他很有錢，也是一樣。他爸爸很嚴，媽媽又離家出走，難怪他常悶悶不樂，沒人想和他做朋友。

等天快亮了，小綿羊才送我回家。我起床後，做好準備要上學時，看到小傑，我跟小傑說：「我可以跟你做朋友嗎？」小傑點點頭，我想小傑應該心裡比較好了吧！

爸爸的風箏

涼爽的微風拂過我的臉龐，我趴在窗旁，好無聊！突然，我看到一隻白鴿飛過蔚藍的天空，心中立即閃過一個念頭，我搖醒正在睡午覺的爸爸，他叫我不要吵，我纏著他不放。終於，他爬起，問我幹什麼，我說：「放風箏！像鴿子一樣，帶著夢想，飛得又高又遠……。」老爸睡眼惺忪，「煩死了！」不管怎樣，他還是爬下床，帶我出門。

我家是在都市裡，要走將近三十分鐘才可以到達一片空曠的空地。我躺在翠綠的毛毯上，好舒服，好柔軟。接著，我們開始放風箏，就如我夢想一樣，把我帶得高高的，像走在人生中的高峰，老爸也放風箏，大概太久沒玩了，老爸的風箏沒有我那麼高，那麼遠。我大笑，笑爸爸沒我厲害，老爸也笑了，笑我玩還想那麼多。我們倆笑一笑，天空好像更藍了，白雲更白了，草地更綠了，它們都在笑，我越笑越開心，是啊！好久沒有如此暢快過了，就在我肚皮要破時，爸爸的叫聲驚醒了我，爸爸的風箏飛走了，他愣住了，我也愣住了，我說：「風箏線會使人受傷。」老爸點點頭。接著他追著風箏跑，一切都來不及了，風箏漸漸的消失，消失在春天的風裡。

那天回家，老爸沒表現難過的樣子，只是沉默寡言，我想讓他開心，講笑話、唱歌、演戲，始終無法讓他開心，好不容易，在我有趣的動作的「丑化」下，老爸勉強露出笑容，但我不滿足。最後，我想了個方法，我畫了張畫，上頭只有爸爸和我的風箏。爸爸笑了，我也笑了，這回，風箏不會再飛走了。

從以上孩子寫的文章，可以清楚看出故事影響作文的力量，還呈現出三年級學生重視故事的脈絡，對文字看得出一點兒敏銳度了。尤其四年級以上的學生，越浸潤文學性語言的世界，文字越能展現出敏銳度。

教案編寫參考

四年級我編寫了一課〈起風的時候〉，我將內容放上來，俾便教師更明白教案編寫，但課本只是讓教師有所本，提供學生閱讀與參考，我在文末還延伸了兩本書籍，宮澤賢治的《風又三郎》以及肯納斯．葛蘭姆《柳林中的風聲》，如果文中能夠放上和風有關的小故事，我認為也很恰當。至於討論，只是提供師生參考，不要照著議題討論。

前言

人常常因為環境的不同，產生不同的心情。比如人多的時候，感覺比較熱鬧，心情也許比較開朗，也可能比較浮躁。如果只有自己一個人，心情可能孤單，也有可能平靜。

一年四季，隨著季節的轉換，環境產生變化，讓人產生不一樣的感受。過去，我們曾經寫過「下雨的時候」，而這一課，我們要以「風」為主題，來練習捕捉內心在特定環境下的感受。

討論

一、起風的時候，你會有什麼特殊的感覺呢？是輕鬆、惆悵還是興奮，還是其他的感受？

二、當起風的時候，你最常想起的是什麼事件呢？放風箏？跑步？騎車？或者其他？

三、你最喜歡什麼樣的風？微風？狂風？暴風？春風？為什麼喜歡這樣的風呢？

四、我們常使用風來形容一個人動作迅速，或者來去的狀況，如果讓你選一個朋友來代表風，你會選誰？有沒有理由？

延伸

一、各種季節的風，也會有不同的感覺，比如：冬風冷冽，春風和煦，夏風炎熱，秋風涼爽。古代有一本書，叫做《幽夢影》，將各個季節的風，用觸覺、視覺、味覺等感覺，形容出不同的感受：春風如酒，濃厚甘甜。夏風如茗，澀中帶香。秋風如煙，忽隱忽現。冬風如薑芥，陣陣刺痛麻癢難止。

二、春天的風，給予人最愉快的感受。唐朝詩人孟郊，曾經寫過一首詩，〈登科後〉：昔日齷齪不足誇，今朝放蕩思無涯；春風得意馬蹄疾，一日看盡長安花。秋天的風，則是最常給人憂愁、傷悲的感覺，古代的詩人們，最常拿秋風作文章，比如：「秋風秋雨愁煞人。」、「何處秋風至，蕭蕭送雁群。朝來入庭樹，孤客最先聞。」、「歲熟田家樂，秋風客自悲。」那麼，夏天的風，和冬天的風呢？你能找出什麼樣的感覺？

三、狂風，則帶給人狂暴與毀滅的感覺，比如龍捲風、颱風。身在台灣，我們常經歷颱風。以下，就是一則新聞報導：強烈颱風泰利果真威力驚人，從三十一日入夜後到今天上午為止，台中市都籠罩在強風大雨中，風聲不時狂嘯而過，挾帶的雨水，即使窗戶緊閉，雨水仍從縫隙滲進屋內，住在高樓的住戶，還會隱約感到大樓搖晃的感覺。

四、在電影與動畫裡，我們常常也能看到風帶來不同的感受。比如一家和樂融融，或者剛談戀愛的人，出現的風都是在春風吹拂，溫馨暖和的時候；生著悶氣，煩躁不堪，通常會是夏風燠熱的吹著；失戀的人，就常出現在孤獨一人走在秋風中，淒涼憂傷；冬風則是貧苦、飢餓或困境中。而宮崎駿有一部動畫，就是以風起的名字：風之谷。各位不妨想想動畫中起風的感受。

五、有一則佛教「公案」很有名，故事是這樣：六祖惠能大師從五祖弘忍門下得到傳承。某日，惠能大師跋山涉水，來到了廣州法性寺，還沒進門，就聽到爭論聲。他走進佛門，見到兩位和尚爭得面紅耳赤。爭的是什麼呢？什麼能讓出家人動氣？惠能大師很好奇，上前詢問。原來，兩個和尚為風吹旗子而爭論。一個和尚說：「你看，旗子在動。」另一個說：「錯了，是風在動。」惠能大師點了點頭，說：「你們兩個都錯了，不是風在動，也不是旗子在動，是你們的心在動。」兩個和尚被點破，非常拜服。

相關詞語

風起雲湧、風雲再起、狂風暴雨、往事如風、暴風疾雨、捕風捉影、飄風急雨、滿城風雨、風風雨雨、風中之燭

老師的故事導引

課堂上我提供了小小的故事，關於我的好友阿福，喜歡帶著我吹風，讓風吹走心事的故事。

但有一年阿福出車禍了，腿撞斷了，從此封閉在家裡面，不肯出來。我最後去找他，帶著他到河堤上吹風，告訴他讓不愉快隨風而逝吧！

但孩子作文的展現，對文字的敏銳度明顯增加不少。

學生作文呈現

起風的時候／趙若涵

春天的風，輕輕的拂過臉龐，樹上冒出新綠的嫩芽。風輕巧的在人行道上遊蕩。

我漫步在人行道上，望著一家一家的商店。這時風吹了起來，清涼的風在和煦的陽光下顯得更加溫暖。我牽著春風的手，和它一起散步、聊天還一起跳舞。

我和春風從小就是好玩伴。記得小時候，它帶我到一片向陽花田，一朵朵向陽花看起來就像是一顆顆金黃色的小太陽。春風在花田裡和我玩捉迷藏，玩到黃澄澄的大太陽下山了，才帶我回家。

每年春天一到，我就會望著窗外，等春風帶我去玩，陪我分享心事、分享榮耀。現在我已長大成人，每個春天我都會坐在窗戶旁等著春風的到來；每年春天春風也會定時的來找我，我們都玩得很開心。

我和春風永遠都會是無話不說的好朋友，一直都會是。每次起風的時候，我總會想起春風，還有我們在一起的快樂時光。

我是自由的風／陳瑜庭

我是自由的風，每天到處去旅行，看過許多好玩的事。

這一天，我吹到了一個貧民的住宅，我看見了一個小孩哭著要吃東西，我十分不忍心，於是我飛進了一個有錢人的家中，把他的中餐吹了起來，一路吹吹吹，吹到了貧民住宅。

隔天，我再次飛進有錢人家中，又把他的中餐吹起，準備把食物吹給那吵著吃東西的小孩。當我飛進貧民社區，把東西又吹入那小孩的家中，要走時，我看見一位畫家，我因為好奇於是跟著那位畫家走。

一天一天過去，我和畫家成為無話不談的好朋友，我常常做他的模特兒，我們打打鬧鬧。畫家一天一天老去，最後老畫家死了。

我又成為自由的風，我又再次到處旅行，飛過千山萬水，最後我決定再回到臺中。

我回到了我最熟悉的故鄉，現在是春天，我吹起了一陣陣溫暖的風，我遇到了另一個秋風，我和他成為了好朋友，我不再孤單，因為風是不會死的。

我常常和秋風到處做善事，幫助人們，讓我十分高興，但我始終沒忘記我第一個好朋友——老畫家。

風的精靈／楊智宇

風，就如同一個善變的精靈，春天時，它因為興奮，而吹起一陣陣的和風，相反的，夏天，它也因為煩躁，而吹起令人難受的熱風。

風，千變萬化，讓人難以捉摸。有時候，下課鐘一打，許多小孩都高興的抱著球跑出教室，但是頑皮的它卻把一朵朵的小烏雲帶到操場，讓小孩們哭喪著臉，用沉重的步伐走回教室，它有時候卻善解人意，在人們心情低落時，吹來一陣柔和且體貼的和風，讓他們重燃希望。

以下是兩種風的形成。

有一次，一個頑皮的風精靈，悄悄的把一陣陰風送到一個憂鬱症的小孩面前，這個頑皮的風精靈純粹只是開玩笑，它萬萬沒有想到那個小男孩居然哭了起來，並且打開窗戶，跳了下去。風精靈嚇了一跳，它伸出手，想捉住小男孩的腳，太遲了，小男孩像布娃娃般，不停的墜落，直到他碰到地面。風精靈變得自責愧疚，它變成了自責的風精靈。

還有一個從小就非常沒有自信的風精靈，它是最小，也是最沒有能量的風精靈，它想尋找「溫暖」和「自信」，因此離家出走，它似乎找著了。

它走著走著，走到了聖母峰，看見那裡有個登山隊，所以好奇的飛了過去。它看到帳篷裡的人個個臉色蒼白，手腳冰冷顫抖的人，他們把所有可以讓自己溫暖的東西通通拉到身旁。風精靈突然想到，「或許我可以幫他們。」於是風精靈把「溫暖」和「高興」放到他們身上，他們的臉漸漸出現血色，他們驚奇的站起來，發現自己不是在作夢，他們都高興的跳起舞來，但最高興的非風精靈莫屬了！

這就是兩種風的形成。

起風的時候／林凡傑

冬天來臨的時候，刺骨的寒風總是會讓一個人很傷心，那個人叫「蟲賤」。

寒風來臨時，大家都會待在家裡，只有那個名叫蟲賤的人不會，他在寒風來臨時，都會跑出去。

有一次，刺骨的寒風來了，阿保說：「我們去看蟲賤到底在幹什麼。」

我說：「我不想去。」

阿保拉著阿王走了，說：「我們看完會告訴你。」

他們偷偷的跟蹤蟲賤，他們走啊走！看到一大堆墳墓。

阿王說：「我們回去吧。」

阿保說：「才不要，都到這裡來了，還想回去。」於是他們就繼續走，走到一半，看到蟲賤在對一個墳墓說：「我知道您是在寒風中去世的，孫子來找您了。」於是他就把外套放在墳墓上，在風中哭得傷心極了，彷彿寒風也在哭泣，阿保和阿王也開始大哭。

我看到阿保和阿王哭著回來，我就問：「怎麼了？」他們一五一十的告訴我，我也感動的哭了。

每當寒風來的時候，蟲賤會去找那座墳墓，阿保、阿王和我也會安靜的跟蹤，在寒風中感到一種寒冷，還有一種莫名的懷念。

風／陳子宜

每到秋天，幸福的孩子都紛紛跑出來玩，只見街上都是小孩遊戲的笑聲，聽到孩子們的笑聲，我的心也跟著笑了起來。

每當我哭泣時，總會到門外走走，體驗風的味道和感覺。有一次，我心情不太好想到外面走走，風一來，微微花香從我鼻子飛過，和淡淡的憂傷。風鈴響起，悲傷的感覺再度湧上心頭，孤單的精靈一直往我心中的深處爬去。

突然，風一吹，一片落葉吹落在我面前，也許風小姐請落葉來告訴我，我很快就好了。聽到樹葉沙沙作響，我的心情也跟著好了起來，我高興的往回家的方向走去，風把我不高興的心情吹走了。我想風伯伯是個心理醫生。能治好萬病。

到了家後，我和風伯伯道謝，秋天的風既涼爽，又可以治好我心中的不安與孤單。以後我心情不好時也一定要去找風伯伯，把我心中的惡魔通通順著風飄走。

起風的時候／黃慧萱

起風的時候，我們都會有一些想法，也許是快樂的，也許是難過的；也許是悲傷的。不管是怎麼樣的心情，都藏有一段美麗的故事……。

在秋風的吹拂下，我帶著傷心的心情，離開了學校。想著書包裡的成績單上，大大的「丙」，不知道媽媽的心裡會怎麼想？是生氣嗎？是放棄我嗎？

我心裡七上八下，秋風的感覺凶猛了許多，有如刀割般，我的心，好痛。呼！呼！呼！風中，感覺夾雜著同學們不屑的語氣：「你看，是那個考全班最後一名的笨蛋呢！」「我告訴你喔！那個××考全班倒數『第一』呢！」

語氣中的「第二」顯得特別刺耳。

秋風呼嘯而過，像在安慰我，卻又像在嘲笑我。我好想走進風中，像沙子般消失不見，這樣，就沒有人會掛念我了，或許，還有人會因此而樂不可支呢！不知不覺，已經回到家了，我硬著頭皮走進去。媽媽看完成績單，只是淡淡的對我說：「別氣餒，下次再加油就好了。」雖然只是一句話，卻讓我重拾信心，想再努力一次。

窗外的風，這時卻像一位支持者了，鼓勵我，也像是和我一起努力的朋友。這一刻，我的感覺是：有風真好。

高年級：透過文本開發多元視野

透過良好的引導方法，帶出討論，讓孩子的思想層次豐富，並且有機會發展自己的思考模式。這時候，作文緊跟其後，從他們熱騰騰的故事、熱騰騰的思索當中，加入創造的元素，落實成文字。在我看來，那是開發多元思考，也是學習作文非常棒的途徑。

從趙氏孤兒談高年級作文方向

二〇〇七年，我在報社為某項學生徵文當評審，幾位全教會委員也在席，聊到當年作文考題「夏天最棒的享受」，數家報社作統計，高達百分之七十的學生寫的內容，不外乎游泳、吃冰、吹冷氣。大家紛紛嘆息，孩子的生命經驗局限，寫作題材狹隘，思想也常受局限。

但我的看法和其他人不一樣。

現今的學子，受限於環境與教養模式，生命經驗的豐富度，比過去的人少很多，這是一個事實。但落實到書寫的過程，如果學生的閱讀也少，教師應該思考的是，當我們每次要求學生寫「好作文」，學生往往為了成績，而缺乏嘗試的勇氣，只是琢磨「好作文」的格式與寫法，一味思考何種作文方式能夠「安全」的取得高分，學生的書寫策略必然趨於保守，題材的選擇性上自然少，文字使用及思考都有局限。我認為在學生離考試還遠的階段，比如國中二年級以前的學生，都應該讓他們擁有更寬闊的書寫。

我問在席的委員與學者，如果我們現在要寫一篇作文，題目就是「夏天最棒的享受」，時間僅有一個小時，請問你們會寫什麼？與會的人紛紛沉思，最後報社主編抬起頭來說：「我也要寫吃冰！」大夥兒都笑了。

如何在題材、思考、文字上打開學生的視野呢？以故事和討論為主軸的「創意作文」，在高年級（國小五年級以上），應該在課堂的文本中，開發學生的多元觀點。

以下，我借用幾個故事為例，來看創作過程中，如何發展多元觀點。

紀君祥的趙氏孤兒

春秋時代，晉靈公在位的時候，有文武兩大臣。忠心耿耿的趙盾是文臣，武將屠岸賈卻是一個狡猾善妒、誣陷忠良的奸臣。

屠岸賈在晉靈公面前誣陷趙盾。趙盾雖然貴為晉靈公的親家，一家三百多口，仍舊被屠岸賈派兵誅殺，連晉靈公的駙馬——趙盾的兒子，也被逼到絕境，自殺了。

趙家三百多口被屠殺殆盡，只剩下一個剛剛出生的嬰兒，還沒找到下落？雖然是一個嬰兒，卻足以使奸臣屠岸賈視為心腹之患。因為這個嬰兒，不僅是趙盾的孫子，也是晉靈公的外孫，如果留下這個「禍根」，將來會帶來多大的威脅？誰也不可預料。

屠岸賈派將軍韓厥守住駙馬大門，發布命令，誰要是窩藏這個嬰兒，就要受誅滅九族的刑罰。

屠岸賈的命令，無疑刻畫了奸臣的形象，但在傳統的作品中，一定會有忠臣形象的出現，這位忠臣是民間醫生程嬰。

晉靈公的女兒，也是趙氏孤兒的媽媽，在大難來臨之際，將孩子託付給經常出入家中的醫生程嬰，自己立即自縊而死，以示自己永不洩密。程嬰將趙氏孤兒藏在藥箱中，想要躲避屠岸賈的耳目，卻被盡忠職守的守門將軍韓厥搜查出來。韓厥雖是屠岸賈的人馬，卻深明義理，放走程嬰與孤兒，立即拔劍自刎。

趙氏孤兒脫逃了，屠岸賈卻不知是何人所為？

屠岸賈會怎麼做呢？或者這麼說，作者為了刻畫屠岸賈凶殘的形象，會怎麼做呢？

聽故事的小朋友，很快就貢獻各種答案，常常會出現其中一種答案，和紀君祥的安排完全一樣。屠岸賈貼出告示，下令處死晉國一個月以上、六個月以下的嬰兒，違抗的人全家處斬，並且誅滅九族。

怎麼辦呢？程嬰為了拯救趙氏孤兒，竟招來全國嬰兒被處死的命運。

程嬰也有一個嬰兒，年紀和趙氏孤兒彷彿。程嬰於是和妻子商量，決定拿自己的小孩，代替趙氏孤兒，並且承擔窩藏孤兒的罪名，保全趙氏孤兒的性命。但趙氏孤兒要託付誰呢？程嬰思考許久，決定將這個重任交託晉國忠臣公孫杵臼。

想不到公孫杵臼拒絕了。

公孫杵臼以自己蒼老，如何養大趙氏孤兒為理由，拒絕這個任務。但公孫杵臼提議，程嬰將自己的嬰兒交給公孫杵臼，並且要程嬰去揭發自己。

結果公孫杵臼招認了窩藏趙氏孤兒的罪名，最後以頭觸階自殺。至於程嬰的兒子，那位假的趙氏孤兒，竟然活生生被屠岸賈剁為三段。殘忍的是，身為父親的程嬰，竟然親眼目睹兒子的死亡，只為了盡忠守信。

現在，真正的趙氏孤兒，成了程嬰的兒子，也被屠岸賈收為義子。想不到，要保全趙氏孤兒的安全，竟然需要這麼多人犧牲。二十年後，程嬰告訴孤兒真相，趙氏孤兒一劍殺了屠岸賈。

原典是史書

《趙氏孤兒》的故事，背景是春秋時代，史料在《左傳》、《國語》、《史記》有記載。但紀君祥書寫的歷史事件，和史書的記載有很大的不同，他藉著歷史的片段，對史料大幅改造，呈現出的春秋故事，已灌注了紀君祥的思想與文學藝術。紀君祥的《趙氏孤兒》中那麼多志士犧牲了，當然有元代知識分子的情懷，在戲劇中呈現了「忠」的思維。

從史書中摘取材料，加以改造，書寫出另一個面貌的作品，在古今中外屢見不鮮。或者以某種故事為原型，加以改造，創造出另一個全新的作品，也是創作者常使用的方法。有人這樣看待：大多的書寫者，在創作過程中，都可能曾經帶有其他著作的影子，最終寫出自己關注的事物，創作出屬於自己的風格。

這樣的創作方法，拉到兒童作文來比較：教師先就一個主題，和學生討論，再透過一個具有感染力的故事，和學生互動，幫助孩子從聽故事的人到說故事的人，再落實到文字，成為一個寫故事的人，精神上有某種相通之處。

七至九歲的孩子，教師在作文教學的說故事策略上，著重在開發想像，解放書寫能力，因此互動過程中，較大的比例側重於敘事目標與連結生命教育，強化他們在口語表達上發展敘事，落實成文字。

從十一歲開始，學生開始進入青少年，思想的萌芽更迅速，除了發展敘事與文字能力之外，作文教學的說故事策略很大的比例放在思考上的探索，啟發多元的觀點，再落實成文字。

以《趙氏孤兒》而言，文本傳達的思想，可以被提出來辯證，鼓勵創作者從不同角度去思考，重新敘述一個新的文本。事實上，就有不同的創作者，以《趙氏孤兒》為基礎，創造出不同觀點的作品，比如一七四八年出版的《中國英雄》，是義大利作家梅塔斯塔齊奧改編《趙氏孤兒》而來；法國著名文學家伏爾泰，也在一七五五年出版《中國孤兒》，就是根據《趙氏孤兒》法譯本改編；德國詩人歌德在一七八三年出版的《埃爾佩諾》（殘本）也是從《趙氏孤兒》改編。

此時，我們不妨將《趙氏孤兒》看成老師課堂示範的故事，將那些從《趙氏孤兒》衍生出來的創作，看成是學生的作品，便不難理解故事作為引導的效用。在眾多改寫《趙氏孤兒》的作品中，最受矚目的是伏爾泰與歌德，這兩位以《趙氏孤兒》為藍本，改寫出不同觀點的文本。我據此呈現國小五年級以上，教師在作文引導中，側重開發多元觀點的最佳示範。

伏爾泰的《中國孤兒》

《趙氏孤兒》的劇本，在十八世紀的歐洲甚受重視，伏爾泰寫過一齣《中國孤兒》的劇本，情節相近，表達的思想卻大不相同。伏爾泰從換孤兒這個事件出發，發展他想要辯證的觀點。

劇中的人物是成吉思汗，和漢族少女伊達美談戀愛。但伊達美的父母，反對兩人交往，並將她許配給宋朝的官員單悌，成吉思汗因此失望北走。數年後，成吉思汗成為大漠盟主，進軍宋朝，宋室搖搖欲墜，皇室在緊急關頭將皇嬰交托單悌。成吉思汗知道了這個消息，逼單悌交出嬰兒。單悌決定以自己的嬰兒代替皇室遺孤，但此舉遭到伊達美否決，她認為人人生而平等，皇子與凡人皆然，怎麼可以自己嬰兒的死亡交換皇子的生存？伊達美決定親自見成吉思汗。

成吉思汗見到舊情人，驚喜交集，立刻承諾伊達美，只要她願意改嫁自己，兩個嬰兒都不必犧牲。單悌知道後會怎麼說呢？身為伊達美的丈夫，為了對國家盡忠，竟然勸伊達美答應吧！在這個劇本裡，伏爾泰不僅否決「換孤」的行動，更以伊達美代表歐洲啟蒙主義的精神，批判且諷刺了單悌的忠義精神，而《趙氏孤兒》的復仇思想，也被浪漫的愛情給包覆，突出了人情與愛戀。

《中國孤兒》的結局會怎麼安排呢？伊達美會如何抉擇？身為創作者，身為劇中人物，都是非常值得思索、玩味的關鍵，也是說故事者啟動故事聆聽者思索與辯證的所在。

伏爾泰並未將這個劇本導向純粹的愛情劇，他安排伊達美勸單悌一起自盡，讓成吉思汗看夫妻倆緊緊擁抱的屍體，見證愛情的忠。以忠為導向的單悌答應了。舊情人寧死擁抱丈夫，也不願隨著自己離去，成吉思汗被撼動了，有了深刻的體悟，最終成為一代明君。

《中國孤兒》在《趙氏孤兒》的劇情梗概上，發展了不一樣的觀點，創造了一個屬於伏爾泰、屬於啟蒙主義的劇本，因為啟蒙主義對抗的是傳統教義、非理性以及盲目信念。但《中國孤兒》固然出色，也掩蓋不了《趙氏孤兒》的文學藝術性，它歌頌英雄人物前仆後繼的犧牲精神，慷慨激昂的表達出反抗惡勢力，忠君愛國的節操。

歌德的《埃爾佩諾》

德國古典主義的偉大作家，曾寫過《浮士德》、《少年維特的煩惱》的歌德，在中國文學作品被譯介至歐洲之際，也涉獵數本中國小說。他曾說「中國作品中的人物，其思想、行為和感覺，與我們幾乎一樣。」透過文學作品，他理解中國人，並改寫《趙氏孤兒》，呈現出不同的思想價值，那是歌德第一部受中國文學影響的作品，寫於一七八一年，未完成的戲劇《埃爾佩諾》。

這個未完成的劇作，還曾經公演，據說大受歡迎，但這個結局未完成的劇本，能夠大受歡迎，可見有其吸引人之處。一般的作品未完成，通常是作者亡故，作品來不及完成，但《埃爾佩諾》並非如此，而是歌德寫到結局，遇到了棘手的問題，呈現出和《趙氏孤兒》不曾發生的思考向度。

《趙氏孤兒》中，孤兒在程嬰的安排下，存活下來，也被屠岸賈收為義子，而且疼愛有加。但孤兒長大後，知道真相，毫不猶豫的殺了義父屠岸賈。《埃爾佩諾》則利用這一部分情節，寫一個弟弟殺了哥哥，並收養哥哥孩子的故事。孩子長大成人之後，知道眼前的爸爸竟是殺掉生父的兇手，準備為自己的生父報仇。但是，寫到這兒，歌德寫不下去了，一直未將這個劇本完成。為什麼呢？歌德的考慮，也是劇中孩子的考慮，養父十餘年來真心撫養，陪伴孩子長大，但生父的概念卻是抽象的。因此當孩子舉起刀，要殺實際上是叔叔的父親時，孩子會不會困惑呢？

我講述這個故事的時候，常在這個地方問學生，他們的選擇會是什麼？印象中的統計，大概有三分之一的學生，也是困惑而沒有答案。另各有三分之一，決定要殺，以及決定不殺，他們都各有理由，但學生的決定，會在教師的辯證之下，瞬間改變，並為此感到困惑。

莎士比亞在《哈姆雷特》中的經典名句「To be, or not to be ...」，所呈現的思索，和歌德寫《埃爾佩諾》的結局有相同的向度，學生在辯證之後，多半都能感同身受，並且擴大到親身經驗的事物思索。

廣受大眾喜歡的武俠作家金庸，在《雪山飛狐》一書的結尾，也安排了一個沒有結局的故事，主角胡斐和苗人鳳在山崖決鬥，胡斐在千鈞一髮之際，高舉著刀，心中百般複雜，到底要不要殺了苗人鳳？故事便在此結束了。這個沒有結局的故事，我認為和《埃爾佩諾》的結局非常相近。我少年時代閱讀《雪山飛狐》，還以為書頁有缺漏，不敢相信那就是故事的結尾了，並且著惱的認為金庸偷懶，為何寫一個沒有結局的故事？我將目光放在劇情，而忽略了作者的意圖與思考，也忽略了文本可以有更多不同的解讀。這是為什麼我們在課堂上，需要引導閱讀？而不是單純只是告訴他們，文本的意思是什麼？透過良好的引導方法，帶出討論，讓孩子的思想層次豐富，並且有機會發展自己的思考模式。這時候，作文緊跟其後，從他們熱騰騰的故事、熱騰騰的思索當中，加入創造的元素，落實成文字，在我看來，那是開發多元思考，也是學習作文非常棒的途徑。

用眼神啟動學生的感官

上課的時候，問學生有沒有注意過特別的眼神？學生通常回答：「沒有！」

我便瞇起眼睛，盯著學生看，學生驚呼：「好色喔！眼神色瞇瞇的。」怎麼形容呢？學生提供的觀察有：眼睛瞇成細縫、眼睛有某種好色的神情、令人發抖的、不舒服的、想要躲開的、想揍下去……。

接著我怒目而視，讓學生經驗發怒的眼神。不久，學生提供的答案就繽紛呈現：受傷的眼神、乞憐的眼神、期待的眼神、小狗的眼神、虛偽的眼神、孤單的眼神、自信的眼神、貪吃的眼神、說謊的眼神……。

從以上的觀察可以得知，學生的感官與思考啟動需要一些引導，最好是輕鬆的開端，讓學生連結生命經驗，連結想像，放膽回答。

接下來，我針對眼神和學生討論，這些討論通常不是安排好的，而是視課堂情況進行，比如：從眼神中，可以看出一個人的好壞嗎？每一種行業的人，都有特殊的眼神嗎？比如巴士司機，可能要眼觀四面。比如修錶工匠，眼神專注。人在各種情緒中，會產生不同的眼神，比如絕望、孤單、興奮、憤怒、哀傷，這些情緒所產生的眼神特點是什麼呢？能從某種眼神猜出某人的心境嗎？你印象最深刻的眼神，還記得嗎？你最喜歡遇見什麼樣的眼神呢？又最害怕看見什麼樣的眼神？

教師和學生討論時，要尊重孩子的發言，而不是以標準答案為目標，若能以「正向的好奇」為互動穿針引線，常有意想不到的收穫出現。

故事的進行

透過啟動經驗與想像的連結，我短暫分享一隻貓的眼神，像一首神祕的詩。接著帶領孩子進入第一個故事，講排灣族盲眼詩人莫那能的遭遇，他在眼盲之前，曾經跟隨漢人工作，受漢人剝削。有一次他去應徵捆工，雇主給他一天三百元的工資，還帶他去吃肉燥飯。他吃完一碗，雇主邀請他再吃一碗，當他連吃三碗，抬頭看著雇主，發現雇主笑瞇瞇的看著他，那種眼神好熟悉，想不起來在哪裡看過？直到多年後，他才猛然想起，那是族人看到獵物的眼神。

孩子們看過那樣的眼神嗎？只有一小部分，還有孩子能猜出莫那能記憶中的眼神。有的人連結經驗迅速，說出看過類似眼神的經驗；也有的孩子在書中閱讀過，那樣的眼神常是心懷不軌的人發出。

他們會如何應對？產生什麼樣的反應？有何感受？互動起來都頗有意思，

也提醒他們的經驗與想像，可以落實在作文中。

第二個故事，我以文字形容眼神為主軸，講述故事。故事是一位男孩，眼神冷酷，發出銳利的冷光，被眾人形容眼神有如武士刀，只要他目光所及之處，彷彿武士刀掃過，有如落葉被秋風掃過，眾人皆不寒而慄，無人敢直視他的目光。有一次校長演講，台下的學生吵鬧不堪，任憑誰都無法制止，武士刀男孩動怒了，他走上講台，環顧眾人，如武士刀出鞘，眼神停在哪裡，同學就噤聲不語，彷彿語言被銳利的刀鋒砍斷了。在男孩就讀的學校裡，轉來一個女孩，眼睛始終被瀏海覆蓋，非常神祕的在校園行走，很多人揣測，這個女孩長相很嚇人吧！

那是一個春光明媚的早上，這個女孩在走廊上被老師叫住了，老師責怪她前額的頭髮太長，要她撥開瀏海。這時，在場的同學聽見一聲輕嘆，女孩緩緩將瀏海撥開，一個千嬌百媚的眼睛出現了，眼神如春光流轉，又如碧海青天，看見她眼神的人莫不驚住愣住。據說，有人看見女孩眼神所及之處，含苞的櫻花逐一綻放，隱藏暗處的夜鶯開始歌唱，枯竭已久的渠道開始湧泉。

武士刀男孩和桃花女孩注定相遇。那真是歷史性的時刻，兩人目光所及，可謂東山飄雪西山春月夜……。

這個戲劇性很強的故事，我將修辭以誇張的方式帶入，目的讓孩子感染文字的魔力。

第三個故事，我在此不贅述，講述的是大陸小說家莫言的《懷抱鮮花的女人》（洪範出版社），但我將故事改為少年版本，並為故事中的女主角創造了一個謎樣的眼神，讓男主角心神被牽動，最終帶到不可知的結局。

接下來，開始寫作……

學生作文呈現

第一次上眼神的課程，我從二十多個孩子作品中，挑了近十篇文字比較好的文章，孩子呈現的作文面向，令我新奇。他們如何在四十五分鐘到一小時的時間中，寫出各種面貌的作品？

比如陳其伯的眼神，文字和結構雖然還不算成熟，但他選擇的題材，文字的形容，都令我吃驚。當他交出作文，我問他是否一開始下筆，便想到後面該如何寫？他說並不十分清楚，到了中段以後，才開始構思結尾該如何收。我認為這篇文章，和我編的桃花女孩故事，在修辭上可能有影響、啟發的關連。

許承豐的眼神，則是一篇非常完整的故事。當他交出作文，我問他是否看過沈石溪的小說？他說非常喜歡沈石溪。怎麼會寫出這一篇作品呢？承豐坦言，自己也不知道。但可以從他的文章中，看出沈石溪的味道，但值得一提的是，他在課堂中，以四十五分鐘寫了這一篇文章，透過討論，故事如何和他所閱讀的沈石溪文章連結，我就不得而知。但在以「故事、討論」為主軸的創意作文教學過程中，這樣的現象很常見，學生就某種主題，和他所閱讀的文章連結了。

王宏裕的眼神，則和傳述莫言小說的場景相彷彿，交出作文後，他告訴我，車燈是天空的眼神，雨滴是天空的眼神，這個說法充滿詩意，只是他還沒有表達得很完整。

其他人的文章，有可怕的眼神，有溫暖的眼神，也有動物的眼神，各有不同。似乎都從故事與討論中，擷取了他們要的元素，或者連結了他們的生命經驗，有的孩子很清楚自己寫作的內容，完全是真實的經驗，有的人則是寫到快結束了，還不知道最後要怎麼安排？

這些文章作者的年紀，是國小六年級的學生，只有一位台中一中三年級的學生，媽媽為了加強他作文而送過來，並不知道我當時只有教國小學生。因為他上了一堂課，立刻喜歡這樣的寫作模式，並且自覺作文進步很多，跟著六年級的學生一起上了十二堂課。他和六年級的孩子年齡相差六歲，寫出來的作品風格應該很容易看得出來，如果我不指出是哪一篇，各位可以看得出來嗎？並且可以藉此比較，高三生和小六生作文的差異在哪裡？

六年級的孩子，在作文課中，以不同故事與討論，開啟視野，啟發他們不同的觀點，他們的書寫面向也較多元且豐富。

眼神／陳其伯

有個老頭，他專門看人眼神，看一個人在想什麼？

他小時候常常做夢，夢到他看到一個老人，在他耳邊告訴他：「你看得到別人在想什麼，透過眼神。」就憑就這麼一夜，老人說的這句話。

久了，他慢慢的相信了。有天，他看到一個人，馬上知道他在想什麼，他看向他的眼神時，好像隱約看到一行行的字，看到了畫面。

每個人的思想都在他的面前呈現，謊言就像蛋殼一樣，一把被捏碎，而他就好像小偷，偷走了別人的思想。

有一天，有一個年輕的小子，他說他不會被看出他在想什麼，老頭完全不理他，他早遇過千百個這樣的人，但是年輕的小子一直不斷的請求，老頭煩了，他總算找了那小子來，於是他開始了他的老把戲。

「你在想……」「你在想……」

他看了好久，很努力的看，看出了一身汗。

他彷彿看過這對雙眼，那眼神很清晰，就像一朵梅花，每說一句話就綻放一點，好像一隻魚在躍動，令人驚豔。

老頭看了很久，但那小子的眼神裡，還有一面牆，堅固不已，他就像一隻小雞，在萬里長城之下，連一塊磚都推不動，弱小不已。

他終於投降了，他遁入了一片山林裡，跟隨著一隻麋鹿消失在山野之間，只留下世人的謠傳。

那個人，正是那個老人，他叫做夢，隨他的意在人們的眼前呈現。

眼神／許承豐

我是一個動物學博士，這一次我要研究的是狼。我放了一個捕獸器在狼出沒的地方，結果一隻公狼被捕獸器捉到了，但出乎我意料的是，公狼失血過多，死掉了，這不是我的本意。牠的窩裡，還有一隻母狼、三隻小狼要養，但公狼死了，所以我沒辦法繼續原來的研究。

那是一個夜黑風高的夜晚，我喝了點酒，我跟一個朋友說：「我去偽裝成狼，然後去研究那些狼。」

他跟我說：「你不要喝了酒，就開始發瘋好不好？」結果，我不理會那個朋友，我拿著一把左輪手槍，披著那隻狼的皮，進入狼洞穴。

一進去洞穴時，我的意識已經醒來了，我看到一隻母狼，用一個很開心、很快樂的眼神看著我。我嚇了一跳，接著外面下了一場大雨，因為洞口是朝上的，所以雨一直下進來，我用身體去擋住那個洞口，讓雨無法滲透來，結果隔天早上，那隻母狼用一種很感謝的眼神看著我。然後，我就出門去捉獵物回來，我出去不久後，母狼正在睡覺，小狼自己跑出去玩，突然一隻老虎跑了出來，我剛好看到了，我拿出我的左輪，「碰！」的一聲，那一隻老虎跑走了，母狼聽槍聲，跑了出來看，我把小狼帶回了洞穴。

我以為我死定了，因為狼的嗅覺，一定會聞到槍的硝火味。那隻母狼跑過來嗅我，我很擔心，心裡想拿出左輪，在危急的時候自衛，還好那隻母狼走開了。有一天，狼的同伴來找那隻母狼，母狼出去了一下，狼聞到洞穴有人類的味道，想衝進去，但是母狼突然衝過來，把另一隻狼撞開。母狼的眼神就瞪著那一群狼，牠的眼神好像在跟牠們說，你們再過來我就要生氣了。然後母狼跑了進來，用一種很感謝、很生氣、很悲傷、很快樂的眼看著我，接著，母狼咬著他老公的狼皮，帶著三隻小狼離開了。

我心裡在想，那隻母狼的眼神好像早知道牠的老公已經死了，也好像早就知道我是個人類，我整個人坐在那裡。我回去的時候，跟我的朋友說，我從此以後再也不要研究狼了。

眼神／王宏裕

在一個黑夜裡，天空滴落一顆顆無情的雨滴，一座橋下，一位男人在那裡避雨，雨越下越大，一個個撐雨傘的路人就像無情的雨滴，走過他的身旁。

這位男人，長得非常高大、壯碩，眼神就像一枝萬能的銳箭。在這個黑夜裡，每個走過他身旁的人，沒有一個敢直視他的眼睛，因為他的眼睛裡的殺氣好重。

突然，有一個小男孩走過來，靠近他的身邊，舉起雨傘，兩眼只是安靜的看著他，眼神彷彿對著他說，這支傘借你，眼神充滿殺氣的這位男人，頓時從眼裡散發出七彩的光芒，這位男孩看了笑了笑，又離開了。

男人開始走出橋下，遠方射出了兩道光線，那正是車子的頭燈，男人連看都不看，眼裡流出非常自信的勇氣，走了過去。只是眼神背叛了他，在車子撞上他的前三秒鐘，重重的煞車聲，傳遍附近的大街小巷，男人飛了起來，這時眼神開始射出後悔的光芒，吃驚的看著那臺車，眼神不再像以前的那種殺氣，眼神逐漸消失在這場車禍之中。

天空一滴滴雨滴在男人的身上，好像身體裡的靈魂，一滴一滴包覆在雨滴裡，眼睛在分解男人的靈魂，男人非常害怕這種眼神。

眼神／林祐萱

在昏暗燈光的照射下，我拖著蹣跚的步伐，往街道的盡頭走去。這時有一股不舒服的氛圍籠罩著，我伸手試圖拍掉背後的某樣東西，但什麼都沒有。

「林祐萱～妳是笨蛋嗎？沒錯！少在那裡疑神疑鬼的了。」我心裡丟給自己一句話，之後便直奔回家。

現在是早自習，我在作業本上，寫下最後一題的答案。正當我準備交回時，昨天那令人害怕的感覺又出現了。我的目光慢慢轉向右方，一雙睜得大大的、充滿挑釁的眼神，直直盯著我，我感到恐懼。四周的空氣彷彿都被凝結住了，想逃也逃不了。

幾天後，不管是上課或下課，他那雙眼無時不刻的盯著我。有一次我不小心和他對上眼，他的眼睛半瞇著，透露出色瞇瞇的眼神，我實在忍無可忍了，我的手像被一條隱形的鎖鏈拉動，朝向他的臉用力揮下去。沒想到他不但沒有喊痛，反而笑得更厲害。我向老師報告，但大家都拿他沒輒。

歲月如梭，現在我已經轉學，和那個人分開，但他那令人感到憤怒、厭惡、毛骨悚然的眼神，仍在我的身邊徘徊。那眼神害我痛苦，直到現在我仍畏懼著那種眼神。

眼神／陳宇芊

「噹！噹！」放學了，我踩著輕快的步伐，往家的方向走。突然，我聽見一聲貓叫，我轉身一看，是一隻玳瑁色，有黑色條紋的貓，特別之處在於眼睛一隻是黃的，一隻是藍的。牠用一道可憐的光芒射進我的眼睛，我立刻察覺到牠的處境。

我跑回家，拿了很多剩菜，又回到小貓站的位置，我一把食物放下，牠便湊過來吃，完全不怕人，大概是太餓了吧！牠吃完了東西，我看到牠一直發抖，便要回家拿可以保暖的物品，讓牠暫時躲避寒風。沒想到，牠竟跟蹤起我來，到了家門口，媽媽替我開門，她一看到小貓，不但接受了牠，還幫牠做了一個溫暖舒服的窩。

忙完貓的事，爸爸也回到家了，看著他拖著慵懶的步伐，疲勞全寫在臉上。但是，當他看到小貓用明亮的大眼睛望著他時，疲累全都拋到九霄雲外，精神百倍的跟小貓玩了許久。直到媽媽叫我們去吃飯，弟弟和爸爸踏著輕快的步伐走向餐桌，弟弟的快樂從電玩而來，而爸爸的開心則是從小貓身上得來的。而我一點都不愉快，我快被超出能力範圍的課業壓垮了，媽媽看著我的眼睛，就知道我又有難題了，於是對我說：「不會的要問喔！」

吃完晚飯，我繼續和功課奮鬥；弟弟也為電玩要如何贏，傷透腦筋；爸爸和小貓玩得正開心，媽媽也幫忙收拾爸爸和小貓玩的戰場。等到大家都筋疲力竭，才去睡覺！

這樣的日子過了一個月之後，有一天小貓突然失蹤了，再也沒有回到家，牠的窩，只剩下一片虛構的影子，全家都想念牠那一雙特別的眼睛散發出一股奇妙的眼神，牠那股特別的眼神在我的腦海裡打轉……。

眼神／吳士弘

在一個沒有月亮的夜晚，大地卻特別地明亮。

我站在停電的地鐵站，發電機壞了，全鎮都停電，不知為什麼，發電機都沒有發揮作用，照明燈也沒亮出一絲光線，唯一能見到的，就只有車燈、手電筒和蠟燭的亮光。

準備搭地鐵的我嚇了一跳，旁邊的人也都驚住了，頓時我聽到一堆尖叫聲和急促的腳步聲，我也得趕快離開這個鬼地方！一到地面，到處都黑漆漆的，我只能靠自己的雙腿走回家了。過了不久，我來到家門前。沒有月亮，沒有星星，沒有燈光，只能憑著一絲天空的光線，摸黑到了家門前。

此刻，我一打開門，家是明亮的！出外當兵回來的我加上外頭的酷寒和昏暗的天色，能看到這一幕，是我當時的「夢想」。外頭是一片黑暗，家裡頭卻是那麼溫暖。

家人們的眼神帶著歡喜、興奮，關切或者感動的眼神，親切的看著我，他們的眼神是熱烈的。此時，雖然屋子是暗的，但家人的眼神就像黑暗中的火把一樣，給我溫暖，給我亮光。

眼神／楊子瑩

有些人的眼神透露出很多事情，只要你一看到他的眼睛，就像掉進了泥濘中，出不來了；但也有些人的眼神像一把劍直直的指向你，讓你不由自主的逃離他那一把劍。所以眼神，可以說是一個很神奇的東西。

對我來說，好看的書也像泥濘一樣，讓我出不來，也不太想出去。有人對我說：「你在看書時的眼神裡沒有靈魂，因為你的靈魂已經掉進了一個名叫『書本』的泥濘中了。」也有人說：「只要給你日常生活所需的用品，再給一些書，你或許就可以待在裡面，一、兩個月也不成問題了吧！」我當下回答：「不是或許，是一定不想出來了。」

某一天學校的數學老師看我們上得快要睡著了，就叫我們起來玩一個小遊戲，就是兩個人互看，誰先笑誰就輸了。一開始全班都沒有人笑出來，但在時間一步一步的推移下，在我身邊的人一個接著一個笑了出來，時間又一點一滴的過去了，最後在下課前分出勝負了獲勝的人是……。

答對了！就是我，後來我問跟我比賽的同學，你為什麼會笑出來呢？他說：「你的眼神裡面好像什麼都沒有，又好像充滿了許多東西，不知道為什麼就讓人很想笑。」這時在我身邊先笑的人走了過去，他也贊同這段話。

我只是用我在看書時的眼神對著他，真的有那麼好笑嗎？在放學時也一直在想著那個問題，只得到一個結論，也許是我心裡悄悄的想著笑吧！笑吧！笑吧！所以才會讓人想笑吧！現在我只想說：眼神真是太神奇了！

眼神／楊振廷

我一直記得那雙粗糙但溫暖的手，一直記得那廚房裡的背影。可是，當我在平日繁忙的生活中感到喘不過氣時，能讓我平靜的，還是童年時，那兩對溫暖、慈愛的眼神。

幼時，我是個難應付的小孩。三更半夜裡，忽然跑急診室是常有的事，而等身體較好時，又頑皮得不得了。為此，上班族的父母常常在事業、教養這蠟燭的兩頭忙得焦頭爛額。最後，他們決定把我交給鄉下的爺爺奶奶照顧，一來可以減輕負擔，二來希望鄉下的淳樸和翠綠可以治好我孱弱的毛病。

於是，童年就在爺爺的舊鐵馬上，喀答喀答的展開了。每天早上，爺爺會載我到田裡，聽蟲鳴、看稻，偶爾扛我上肩，朝著稻草人兩臂上，老神在在的唱著歌的鳥群衝去，看著牠們嘩的一聲振翅四飛。每次要回家的時候，他就會給我一塊糖，看著我喜孜孜的打開包裝，然後用他會用那粗粗的手摸摸我的頭，投給我一個溫暖而慈愛的眼神。

回到家，奶奶總是在炒菜。我不知道她的廚藝如何，只知道在餐桌上，如果筷子慢了幾步，就只能眼巴巴的看著爺爺得意洋洋吃起我很愛吃卻很難搶到的菜。幸好，奶奶總會用一種略帶責備卻盡是笑意的眼神看爺爺一眼，然後夾起他碗裡的菜，放到我的碗裡，然後投給我一個溫暖而慈愛的眼神。

只是，童年就像一首輕快的歌，精采卻短暫。一眨眼，我又回到了爸媽的羽翼下。蟲鳴沉默了，稻子不再搖出陣陣波浪，稻草人臂上吱吱喳喳的鳥呢？還在興高采烈的唱著嗎？或者早已經各奔西東？幸好，爺爺那雙粗粗的手、奶奶那揮舞鍋鏟的背影，一直在我的腦海中，伴著那兩對眼神，慈愛而溫暖的為我點起一盞燈。

眼神的故事／劉冠廷

有一個煩人的混混名叫「重健」，他一天到晚都在混吃混喝不務正業，專門耍小聰明，做一些偷雞摸狗的事情。

重健剛出生的時候，醫生就發現這個小孩眼神很奇怪，總是飄來飄去，於是把這個事情告訴他媽媽。他媽媽笑著說：「他剛到這個世界還不了解，所以才這樣的！」根本不把這件事放在心裡面。

等到重健長大後，因為不想工作，所以很窮，他決定要靠騙人來賺錢，於是他一聽說有人撿到十萬塊，就馬上衝到警察局領錢，但是當警察在問他話的時候，他的眼神總是飄來飄去，所以警察都不相信他。他很沮喪的回到家仰天長嘆，他認為自己長得這麼英俊，又這麼的會說話，為什麼會失敗呢？

於是他決定跑到街上裝啞吧，向街上的人乞討，但是因為他的眼神讓人覺得很不舒服，所以沒人理他。最後他決定回去投靠家人，但是因為他看起來非常猥褻的模樣，讓人看起來就想打，所以家人都不想看到他，讓他餓死在街頭。

他臨死前的最後一句話是：「我寧願一出生就沒有雙眼，才不會落得這種下場。」

以主題性文學作品帶入討論

在故事與討論為主軸的創意作文中，落實在教學過程，雖然多半以故事為主，但也不盡其然，並不需要每堂課都餵養故事。尤其高年級的學生，若是能順利書寫，擁有說故事的能力，則帶領他們觀察世界，多元討論，或者以相同主題的文學作品帶入討論，也是非常好的課堂進行方式，因為學生已經在故事課程中，擁有了說故事、文字書寫、文字覺察與思考的能力。

比如五年級的課程，「秋天」的主題，進行的方式，是讓學生討論對秋天的觀察，紛紛將他們的觀察寫在黑板上，再討論這些秋天的觀察，有哪些事件、故事發生其中?接下來，請學生閱讀四、五篇關於秋天的小短文，包括林語堂、琦君、唐念祖、巴金、蘇軾、韋應物的文字，並介紹了秋瑾留下「秋風秋雨愁煞人」的遺言，討論其中經驗的連結，秋天有歡愉的事物嗎?有感傷的事件嗎？還是秋天擁有特殊的經驗？幫助孩子和秋天連結。

在秋天的觀察中，孩子們通常會提到楓葉、蘆葦、涼風、桂花、柿子等意象，再深入詢問他們，在何處看過蘆葦？楓葉？除了極少數的學生有經驗連結，其他學生若不是答不上來，就是說在課本上看過。學生在黑板上提出的秋天，被依視覺、聽覺、觸覺、嗅覺、味覺感官與事件分類，共鳴越來越多，有些共鳴我請他們分享小故事，也分享教師的故事。

但生活經驗中，有哪些感官與事物屬於秋天呢？台中市秋天的櫟樹開始變色了、深秋的黑板樹開花了、進口的蘋果變難吃了，蘋果上的標籤，從南半球的國家如智利、紐西蘭，逐漸轉移至北半球的美國了。

這些秋天的印記，如果有一些小事件、童年經驗連結，那是最好的，隨後邀請他們在課後多觀察秋天，打開眼睛看看櫟樹的顏色，打開鼻腔聞聞黑板樹的氣味，吃蘋果前注意一下口感與標籤。在我的觀察中，這些連結對學生的寫作、生活有重大影響。

六年級課程中「路燈的獨白」這一篇，課堂中因為時間關係，將故事壓縮至最少的地步，將大部分時間和學生討論「獨白」、「路燈」。

孩子們對路燈很少有特殊的印象，討論造型、燈光、顏色、地點，孩子們的回答幾乎沒有印象。但是路燈是隨處可見的事物，雖然隨處可見，卻很難被注意，很難被現代學生賦予意義與故事，對熟悉的事物很容易忽略覺察感官。

教師的引導也就非常重要，這個引導不只有作文，還要引導孩子對路燈、對周遭事物的深層觀察。比如都會區出現各式各樣造型的路燈，有的充滿現代感，有的古色古香，充滿了藝術的氣息，有的是藝術太陽能路燈。通過引導，因為共同生活在同樣的城市，一旦被提及某些印象，集體的印象便產生共鳴，繽紛的回答與討論便會出籠。孩子紛紛提出各種造型、功能的路燈，雖然只是支離破碎的印象，然而當他們寫完作文，步出作文教室，我相信他們會比較注意路燈的存在了。

教師可以提供的路燈觀察，可以透過圖片，將位置最特別的路燈，比如巷口的、河堤上的、田邊的、公墓入口處的路燈展示，也許有小小事件分享。

接下來，路燈下會發生什麼事？有野狗、野貓，還是趨光性的昆蟲？拾荒老人？流浪漢？他們會有怎樣的故事呢？情人會約在這裡等待彼此？還是父母在燈下等待子女嗎？並且邀請他們想像自己是一盞路燈，也許是壞掉的，也許年老的，也許是位在鄉野最孤獨的那盞路燈？有什麼觀察與感受？這時候，各種連結感受的方式可以被提供，比如表演自己是一盞路燈，也演出路燈下的新鮮事，都是很棒的感知方式。

接下來就可以進行作文寫作了。

有人在教學現場觀看這堂課的上課方式，奇異的問我，「這樣就行了嗎？孩子這樣會寫嗎？」我的答案是肯定的，孩子如果被故事解放過，討論之後，不就應該可以寫作了嗎？作文課不就是開發他們的感官，連結他們的生命經驗，再落實成文字，如是而已。寫作文有這麼難嗎？如果寫作文這麼難，是誰將「它」變難，又如何變難的呢？

我將課堂上孩子寫的作文打字，沒有修改文字，呈現於下文，礙於篇幅，僅能提供一部分參考。事實上，大多學生寫的作文，令我激賞。

有幾篇孩子的作文讓我很驚訝，比如英和雅寫「隱形的存在」一詞，我問她哪裡學來？怎麼會這樣用？她也說不上來！這是很成熟的詞語了。

還有孩子們的取材和描寫，不只連結了我們的討論，更連結了他們的生命經驗，以及閱讀的書籍。我認為透過閱讀得來的次級感官經驗，在討論與解放書寫的過程，被召喚成為文字。

從下面孩子的文章中，可以見出這些端倪。

路燈的獨白／黃昱誠

亮！暗！亮！暗！每天都過著同樣的生活，真是無聊！我是一盞身在郊區的普通路燈。十年前我就在這裡了，我有責任要把道路照亮，盡心完成我的使命，但是沒有人想看我，因為我又舊又普通。

在我的生活中，美好的事物，只有能看到一整座城市的夜景和星空。在夜晚時，夜深人靜，我孤獨站在路上，看幾千幾萬顆閃爍著的星星，在黑夜中玩耍，聚在一起，我都很羨慕，希望能飛上天際去和他們說話。不想在這兒，像顆孤獨、普通又醜陋的星星，沒人理會。我也很羨慕那些在大城市熱鬧地區的路燈，他們在那兒被穿上華服，被化上了妝，還像模特兒一樣穿上廣告衣服，很多人的目光都在他們身上，而不是像我，總是被貼上一堆又破又醜的紙，還有抽水肥的廣告，沒人想看我。

砰！到了晚上，我又和往常一樣亮著，我望著星空幾個小時，沒有人經過，只有幾隻討厭的流浪狗撒尿在我身上，這種事我早已習慣了。我又孤獨又無聊的看著星空，快流下了眼淚，因為我永遠都會是一個沒用的路燈，只能終生孤單，沒人理會。在我的眼淚要滴下時，一道光閃了出來，是流星！一顆又大又亮的流星飛過天際，他好像我的朋友一樣，不讓我孤單，帶給我溫暖，讓我充滿希望，我快速閉上眼睛，許了一個願望，我希望我永遠不孤單，大家都會愛我。我許完了願望，那顆流星就消失了，留我一個人孤單的佇立在馬路上。那顆流星好像是送給我的禮物，但他竟然離我而去。我又開始在路上哭了出來。

這一天，夜色特別的暗，城市一點光也沒有，非常奇怪，好像停電了。整個世界好像只有我，仍勤勞的站在馬路中發亮著。突然一陣聲音傳了過來，好像有一大群人要來到這兒，我非常興奮，因為終於有人來陪我了。有人開車，有人走路來，也有人騎車，所有的聲音劃破了原本的寧靜，讓我有點不習慣。我心想著，應該是昨天那顆流星真的實現我的願望。但是好像有人開始打了起來，有人互丟石頭，吵來吵去，打來打去，聽他們的對話中，好像提到了大城市停電，唯一亮著的就是我，大家想要取得我的光、我的溫暖。原本我很高興，但是後來大家越吵越嚴重，死了很多人，我不希望大家為我而打起來，真可怕！突然一顆又大又硬的石頭飛向我，碰！我一閃一閃的玻璃碎片落了下來，一切都變得又黑又暗了，大家不知所措，只能等到天亮了。我又痛苦又失落，好像被一顆子彈打中了心臟，跟那些被打死的人一樣，我的生命要結束了。

到了早晨，大家都散去了，留下一堆屍體。一輛卡車朝向我開來，把我從地上拔了出來，運到一個又大又華麗的博物館，紀念昨天那場械鬥。我在這裡要待很久很久，雖然很多人會來看我，令我感覺不孤單，但我現在不能發亮，不能帶來光明，我的生命好像缺少了什麼？沒有意義。

路燈的獨白／廖士喆

我是一盞森林中孤獨的瓦斯燈，如今已經一百多歲了。當時，在森林裡的居民常在我身旁活動，常聽到小孩子的笑聲；聽到來送別，傷心難過的聲音；看到許多居民喜怒哀樂的表情。但如今，我已成了豎立在茫茫雪地裡，一盞孤獨的路燈。

我的夢想在過去，我好想回到以前那熱鬧的景象。之前的居民都已經搬到山腳下的城市去了。我好羨慕，城裡的路燈能彎著腰，和城裡的居民說晚安。而我卻只能直直的站著，等待能讓我服務的人。以前的生活和現在的日子，森林裡孤獨的我和城裡的路燈都形成強烈的對比。

現在的我已經失去生活下去的意義，失去生命的價值失去自己生存下去的目標。今天的暴風雪，吹倒了周遭的大樹，也吹倒了我最後生存下去的希望。這時，附近突然暗了下來，原本負責照亮森林裡的我，最終也倒下去了，那團團的火焰如心中絲絲的希望，跟著一起熄滅了。我的生命終於走到了終點。

不知多久之後，我看見一位純真的小男生，衝過來幫我點燈，那熊熊的火焰，如我心中又點燃起重新振作起來的希望，之前的村民又回來了，離開被暴風雪摧殘的城市，回到原本的村子，回到這座森林，回到我身邊。從此我不再孤獨了，我把自己的光芒照亮整個村子，村民們也把他們的溫暖傳給了我。

路燈的獨白／英和雅

我是一盞佇立在街道旁的路燈，身上五顏六色的宣傳單，堆積如山的垃圾袋是我的裝飾品，而這就是我為大家照亮街道的報應。

夜晚皎潔的月光灑在我的臉上，感覺像是幫我拭淚，燦爛的星空陪伴我度過無數個孤單的夜晚。我微弱的燈光不停閃爍，最後終於一片黑暗。

不過這樣也好，無聲無息的消失，反正我站在這裡也只是個隱形的存在，我以為我可以解脫了，沒想到我只是頭不會亮了，還要一直站在原地受折磨。

早晨一個小女孩，手中拿著三個氣球笑著朝我奔馳過來，我眼眶裡打轉的淚水還沒擦乾，眨眼時眼淚不小心滑落下去，濺濕了小女孩的臉，她抬頭天真的看著我說：「這些氣球送給你，不要再哭了。」說完，她便將氣球纏在我的身體上，對我揮手說再見。

我頓時感覺身體好溫暖，清潔隊的摩托車停留在街道旁，工作人員跳下車說：「這盞路燈還真是可憐！」說完就撕下我身上的宣傳單，搬走我身旁的垃圾袋。我突然覺得今天怎麼這麼奇怪？大家對我的態度和往常不一樣！

隨著太陽西下，夜晚又悄悄的來臨，我頭上的燈火依然沒有亮。這時喧囂吵雜的聲音此起彼落，我仔細的聽大家說話：「到底是誰把燈關掉了？」大家都聚集在我身旁。有一個熟悉的聲音從人群中傳出來說：「路燈是因為大家都不維護它，所以生氣了！」

我低頭一看，是今天早上的那個小女孩。大家沉默了一下子，紛紛低著頭向我道歉。我看著大家，決定原諒他們！管理員幫我換上了新的燈泡，街道又重新被點亮了，此時又響起了一陣歡呼聲，我感覺頭上的燈泡比往常更亮了，也很慶幸自己是一盞路燈，能夠為大家帶來一片光明。

路燈的獨白／翁翊書

我是一個山間的路燈。在這山間的小路上，只住著幾戶人家，我每天都努力的完成任務，但沒有人給我鼓勵，因為我只是個破舊的老路燈。

一戶人家的小孩長大了，他每天都必須到山下上學，每當他在黑夜中回來，我總是引導著他回家的方向，他也似乎十分感激，都會到我身旁稍作停留，向我傾訴心事。我只能在他身旁靜靜的佇立著，因為我只是一盞路燈，我想這正是我一天中最快樂的時光了。

但有一天，這孩子長大要搬到山下去，當他最後一次來到我身旁，我想向他道別，便忽明忽暗的閃著我的燈光，他卻始終沒有注意，我只能眼睜睜的望著他的背影，在黑暗中隱沒。我心中十分的難過，暗自責罵著這男孩，怎麼把我這個朋友給遺忘了？

這時候，我不知道我是為了誰而點亮了這燈火？但這畢竟是個命令，這就是我的責任。慢慢的，在這山上的人漸漸的搬了下山，我身上的油漆也幾乎全部剝落。直到有一天，一些工人將我從地上拔起，我有種如釋重負的感覺，想著這一生照亮不少人們，看到他們滿足的表情，已讓我感到心滿意足，知道自己的重要性。

路燈的獨白／王祥宇

我，每天孤單的站在一個小巷子中。這地方幾乎沒有人經過，就算有，他們也不曾注意我。

我是一盞破舊的路燈，真的非常破舊。原本深黑色的漆早已剝落，露出暗褐色的鐵鏽。上面還滿是又髒又亂的廣告紙。晚上，我用盡全身的力氣所發出的光，卻也只是一閃一閃的，跟從前比起來，沒有說還不知道，這是同一盞燈發出的光芒。

想起二十年前，一位工人將我裝在這裡時，這條小巷子裡，還住著好幾戶人家。每當下午，小孩子們放學時，總會在一起遊戲；晚上，大人們總會搬出棋桌，下棋聊天。但一年過一年，大家也都一戶戶搬出去，到城市裡發展，而我，真的好希望，能夠再聽聽那充滿和樂的歡笑聲。

感覺一天比一天寂寞，我好想抬起頭，看看藍天白雲，向星星們招手，可是我做不到，我的頭永遠只能面對著地板。但是寂寞很快就要離開我了，我有這種感覺，但這不一定是我想要的。

一天清早，我耳邊傳來「啾啾」的麻雀聲，聲音越來越大，我心中期盼牠們能停在我頭頂，陪我談談天，讓我抒發一下心事，但牠們的聲音又變得越來越遠了。當麻雀聲音消失在我耳邊的那一刻，一位戴著紅色安全帽的騎士，騎著重型機車，飛奔而來，但他沒有從我眼前過去，而是重重的撞上我。我的玻璃破了，再也不能發光。

過了幾天，一位工人把我搬上卡車，那工人長得很像二十年前那位，但我知道不是，因為他太年輕了。一路上，我想著和那些鄰居所度過的快樂，想再回去那段日子。突然，我才發現，我一直盯著天空看，我看見天空了！天空比我想的還要藍，白雲在藍天中自由的四處旅遊，我好羨慕他們，可以看見各種不同的世界。卡車停了下來，工人準備把我搬下車，丟進焚化爐。我看了一眼我最想要變成的東西——天上那自由的白雲。

路燈的獨白／郭又瑄

夜晚的寧靜，使我患得了孤單，一場不留情的雨，慢慢的下起……。

我沒有雙腳，不能像人類一樣行走，不能快樂的奔跑。我除了點綴夜晚的世界之外，沒有其他用途，或許我不該待在荒涼的山區，為少許的人類照亮道路，但他們需要我，雖然他們從沒有說過。要是他們失去我，他們必須拿著小小的蠟燭，用微弱的火光，照亮彎曲的道路。

一年夏天，一群小孩來到這座山玩耍。他們帶著鉛筆與一本素描簿坐了下來，開始繪畫。

我看著那群小孩專心繪畫的神情，我就心滿意足了！突然有一個小女孩問道：「老師，那盞路燈也要畫進去嗎？」老師答道：「那是當然的呀！路燈那麼辛苦的為我們照亮，我們應該也要把它畫進去。」這時，我的心暖洋洋的，一種說不出的感覺湧了出來，我從未有過這種感覺！

小女孩又說話了：「我要把這幅畫送給路燈！」我高興的亮了亮燈泡，說出了內心的歡喜。女孩用一顆大石頭把畫壓著，使我每天都能看到。

五年後，沒人知道我的存在，也不知道那張紙的意義，但我知道，那張紙是說明了我存在的證明，雖然被雨水給沖淡了，不過每次看到那幅畫，我就不再感到孤單。

作文，
就是寫故事

Part3 總結

超越基測學測指考障礙的作文力

我運用「爛作文」的寫作方式，讓面對書寫困境的學生被解放，非常好用，幾乎沒有寫不出來的學生。也讓基測考試級分很低的學生，僅僅利用此心法，幾堂課就能達到四級分的基本水平。但更讓人驚訝的是，很多書寫狀況不佳的學生，利用爛作文解放之後，搭配創意作文的書寫方式，作文呈現令人注目。

完全適用小學中學體系的作文教學

前述國小作文教育的分級，並非絕對的架構，而是依學童心智年齡，在寫作教學的各階段，突出側重的方向。教師授課的方式，我在「從聽故事的人，到說故事的人」一節中，提出的三個目標，可視學生寫作需要、教師授課直覺，增減三個目標的比例。

國中以上的作文教學，依照中年級以上的教學策略，一是在文本中使用文學性的口語表達，將各類修辭穿插文本中，讓學生感染文字的力量。二是討論的主軸，開發學生的多元觀點，教師利用對話與討論，和學生以文本辯證，擴大人文視野，這個方式在議論文體的書寫，更具有影響力。

作文題材選擇

國中以上的學生，作文題材的選擇，應更擴大書寫的面向，以擴充體驗、感官與思考。在一般文學常見的主題之外，教師可以嘗試陌生主題，激發孩子的想像力與思考力，比如我曾以「訃聞」為主題，介紹西方的訃聞，以及中國的祭文、墓誌銘的書寫異同，並討論他們喜歡何種書寫方法？限定學生書寫時，不得書寫在世的親朋好友，但可以書寫「李崇建」的訃聞，也可以書寫寵物、玩具、卡通人物、小說人物。想當然爾，學生訃聞的主角，「李崇建」占了很大的比例，也有不少學生書寫上述角色。但最讓我驚喜的是，學生的書寫主角，從具體的人物、書中角色、家中蟑螂、心愛家具，到抽象層次的誠實、自由與懶惰，學生在作文中書寫「自由先生已死」，宣告自己課業壓力重，沒有自由的時光；在文中書寫「懶惰已亡」，細數懶惰對自己的危害。

除了陌生主題，刺激青少年思索的面向，更可以從青少年次文化，汲取題材，作為作文主題，不僅貼近青少年的視野，也因為教師的引導，從文本開發更深層次的觀點。比如漫畫《火影忍者》、電影《葉問》、周杰倫的歌作為授課主題，容易讓學生感到親近。

我曾選擇青少年喜愛的漫畫《死亡筆記本》，作為上課主題，和學生討論，假設他們擁有《死亡筆記本》，有可能使用嗎？我統計超過三百位男女學生，高達八成的學生有這樣的「念頭」，會想使用。他們想寫上去的對象，按比例依序為「同學」、「老師」、「犯人」、「手足」，迄今只有一位要殺父親。

教師必須謹守的原則是，當學生這麼自然的提供想法時，不要迅速給予批判或理所當然的教訓與說教，而要去思考該如何了解他們，如何和他們的想法辯證？甚至是讓他們的思考更豐富活絡！

為何要殺這些人？原因各有不同，但可看出學生為何受困擾？在同學的選項中，大部分的學生，對破壞公共秩序的同學不滿，考慮動用《死亡筆記本》解決問題，還有一小部分是校園受霸凌者，對霸凌的同學以《死亡筆記本》提出解決之道。

讀者可以顯見，這樣的題材更可以了解學生心靈，也更有機會引導品格教育。當我討論完後，以文學性的語言，說了一個受害者家屬的故事：一位令人厭惡的同學或老師，被「你」用《死亡筆記本》處決了，但你心中並未高興，因為殺人令你感到陌生，心裡有一種怪異的感受。你孤獨的走在雨夜，看見一位拾荒老人，衣衫襤褸，行動遲緩，勾動你的惻隱之心，你仍是善良的。這才發現，老人唯一的親人，正是你《死亡筆記本》殺掉的人……。

我說完這個故事，很多學生靜默不語，我重新再問一次，是否會動用《死亡筆記本》？一半以上的學生搖頭了。

接著我敘述《死亡筆記本》的大意，一個非常有正義感的法律青年夜神月，如何對世界不滿？如何以死亡筆記本遂行正義？陷入權力的迷障而不可自拔？從死刑、正義、死亡幾個點帶學生討論。

我引用了歐陽修《瀧岡阡表》、拉斯·馮提爾的電影《在黑暗中漫舞》、蘇建和案和學生分享。其中以《在黑暗中漫舞》對學生影響最大，他們對誰有權力判決死刑、如何才公允，產生了疑惑。

學生的作文展現很有趣，很多學生告訴我，沒有辦法殺人，即使是用作文書寫，也覺得罪惡與痛苦；也有學生在作文中殺不停手，告訴我太恐怖了；還有的孩子殺了死神，世界上的人越來越多，他只好自己扮演死神，非常痛苦；有的人寫《死亡筆記本》是假的，卻考驗了人性；也有以《死亡筆記本》烤牛肉、烤蝦，呈現出幽默的趣味……。

國中以上的學生，若是已上過一陣子作文課，對文字已經有了覺察，我邀請學生書寫這個題材時，別忘了在故事、思考的表達之外，應在下筆時思考，如何讓文字更優美？有文學性？

爛作文的力量

要讓學生書寫內容更深刻，文字使用更細膩，必定要先打開學生的寫作格局，讓他們的文字書寫有機會以不同面貌呈現，才有更多的機會寫出成功的好作文。

因此我在學生剛進入寫作課時，通常邀請學生寫「爛作文」，並告知理由，尤其國中以上的學生，寫作形式已經固定，爛作文更是打開學生貧瘠書寫內容、落套書寫格式的方式。

前三次的作文課，我都邀請學生寫「爛作文」，並針對他們書寫的文章，找出正向的價值，比如：「有創意」、「修辭優美」、「人物刻畫立體」、「描述細膩」等，我真正認為可以開發的書寫片段，幫助學生對自己文字有信心，並擴展自己的寫作資源。三堂課之後，我便不再提「爛作文」，轉而以專注、克服焦慮、大膽嘗試等詞語，提升學生寫作時的覺察力。

因為每一堂課的引導，都富於故事性、文學性、思考性，長期耳濡目染，當學生勇敢解放書寫，他們的作文能力通常會大規模躍進。

我運用「爛作文」的寫作方式，讓面對書寫困境的學生被解放，非常好用，幾乎沒有寫不出來的學生。也讓基測考試級分很低的學生，僅僅利用此心法，幾堂課就能達到四級分的基本水平。但更讓人驚訝的是，很多書寫狀況不佳的學生，利用爛作文解放之後，搭配創意作文的書寫方式，作文呈現令人注目。

但教師必須注意的是，如果學生真的寫出不堪入目的「爛作文」，教師可不要發脾氣，尤其國中以上的青少年，時值叛逆期，有的孩子滿紙大便、污穢文字，教師該如何面對？我建議教師，應退一步思索，這就是孩子的書寫起點，我們該如何幫助他們，導向更美好的書寫格局？因為，沒有一個孩子不想寫出好作文，也沒有孩子想要沒價值。教師只要在作文教育策略上，多作變化，多思考與觀察，便有很高的機會，幫助孩子們導入美好的文字領域中。

繽紛 147

作文，就是寫故事 故事核心式創意作文術

作　　者／李崇建
發 行 人／張寶琴
總 編 輯／周昭翡
主　　編／蕭仁豪
資深編輯／尹蓓芳
編　　輯／林劭璜
資深美編／戴榮芝
版權管理／蕭仁豪
業務部總經理／李文吉
行銷企劃／林孟璇
人事行政組／李懷瑩
財 務 部／趙玉瑩
韋秀英
法律顧問／理律法律事務所
陳長文律師、蔣大中律師
出 版 者／聯合文學出版社股份有限公司
地　　址／臺北市基隆路一段178號10樓
電　　話／（02）27666759轉5107
傳　　真／（02）27567914
郵撥帳號／17623526 聯合文學出版社股份有限公司
登 記 證／行政院新聞局局版臺業字第6109號
網　　址／http://unitas.udngroup.com.tw
E-mail:unitas@udngroup.com.tw
印 刷 廠／鴻霖印刷傳媒股份有限公司
總 經 銷／聯合發行股份有限公司
地　　址／231臺北縣新店市寶橋路235巷6弄6號2樓
電　　話／（02）29178022

出版日期／2010年12月　初版
2011年 4月　二版
2021年 9月13日　二版十刷
定　　價／300元

ISBN 978-957-522-910-8（平裝）

國家圖書館出版品預行編目資料

作文，就是寫故事：故事核心式創意作文術/ 李崇建著.
-- 初版. -- 臺北市 : 聯合文學, 2010.12
296面 ; 14.8×21公分. --（繽紛 ; 147）
ISBN 978-957-522-910-8(平裝)

1.漢語教學 2.作文 3.寫作法 4.中小學教育

523.313　99023022